O JOGO DE BÚZIOS POR ODU

Rio de Janeiro | 2023
1ª edição | 1ª reimpressão

ADILSON ANTÔNIO MARTINS
Babalaô Ifaleke Aráilé Obi

O JOGO DE BÚZIOS POR ODU

Um breve ensaio sobre o sistema oracular Merindilogun

Copyright© 2013
Adilson A. Martins

Editoras
Cristina Wart
Mariana Wart

Coordenação editorial
Raphael Vidal

Diagramação
Abreu's System

Capa
Luis Saguar
Rose Araujo

Este livro segue as novas regras do Acordo Ortográfico da Língua Portuguesa.

Todos os direitos reservados à Pallas Editora e Distribuidora Ltda.
Não é permitida a reprodução por qualquer meio mecânico, eletrônico, xerográfico etc. de parte ou da totalidade do conteúdo e das imagens contidas neste impresso sem a prévia autorização por escrito da editora.

CIP-BRASIL CATALOGAÇÃO NA FONTE
SINDICATO NACIONAL DOS EDITORES DE LIVROS, RJ

O14j

Martins, Adilson
O jogo de búzios por Odu / Adilson Martins. - Rio de Janeiro : Pallas, 2013.
230p.

ISBN 978-85-347-0486-1

1. Orunmilá (Orixá). 2. Cultos afro-brasileiros. I. Título.

12-4462.
CDD: 299.6
CDU: 259.4

Pallas Editora e Distribuidora Ltda.
Rua Frederico de Albuquerque, 56 – Higienópolis
CEP 21050-840 – Rio de Janeiro – RJ
Tel./fax: 55 21 2270-0186
www.pallaseditora.com.br
pallas@pallaseditora.com.br

Agradecimentos

À minha mulher, Lucia Petrocelli Martins (Apetebi Obeyonu Aráilé Obi);

aos meus irmãos em Ifá;

ao amigo nigeriano Joseph Olatunji Oso, pelas longas conversas esclarecedoras;

e a todos que, sabendo ou não, participaram na elaboração deste trabalho.

In memoriam

Doté Jorge de Iemanjá Linda;
da Oxum;
Vaninha de Oyá;
e tantos outros que se foram...

Dedicatória

Dedico este trabalho à Lúcia, minha mulher, pelo sacrifício de muitas horas de lazer, pelo amor e compreensão;

aos meus filhos Fábio e Sandro, pela coragem que sempre me emprestaram;

à minha neta, Camila, só porque a amo.

Deus não impôs aos ignorantes a obrigação de aprender, sem antes ter tomado, dos que sabem, o juramento de ensinar.

(Da sabedoria oriental)

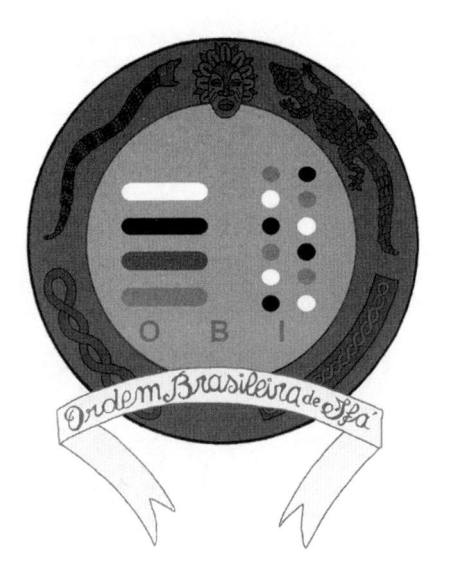

OBI – Ordem Brasileira de Ifá
ordembrasifa.blogspot.com
obiordembrasileiradeifa.ning.com

Sumário

17 Para que não surjam dúvidas
21 Introdução
25 O jogo de ikins ou Grande Jogo
29 O jogo de opelé
31 Merindilogun, o jogo de búzios
65 O jogo do obi
73 Informações gerais
75 Descrição dos odus
209 Glossário
227 Bibliografia

Para que não surjam dúvidas

A matéria contida neste livro faz parte do curso de jogo de búzios que ministrei no CECAA — Centro de Estudos da Cultura Afro-Americana.

Concluída em 1992, data em que comecei a divulgá-la por meio de apostilas, passou a ser utilizada como apoio do referido curso, e foi distribuída para os alunos.

Alguns trabalhos, compilações grotescas ou cópias integrais, chegaram a ser publicados, apoiados inteiramente nas apostilas do curso, sem que os plagiadores tivessem a dignidade de citar a fonte, apesar da declaração, explícita em sua primeira página, de que a obra, já naquela época, estava registrada no Escritório de Direitos Autorais da Biblioteca Nacional (n° 84.755, fl. 347, livro 111).

Depois de muito hesitar, e pelos motivos aqui expostos, resolvi publicar este livro na tentativa de resguardar os meus direitos, evitando, assim, que minha obra tenha tantos e diferentes "pais".

Declaro, portanto, que qualquer semelhança com obras anteriormente publicadas não será uma "mera coincidência", mas uma prova da denúncia que aqui faço.

Consola-me, no entanto, saber que ninguém imita o que não é bom.

O autor

Para que não surjam dúvidas

PRIMEIRA PARTE
O jogo de búzios por odu

Introdução

O ser humano sempre questionou o motivo de sua estadia sobre a Terra e, principalmente, o mistério que envolve o seu futuro. A insegurança em relação ao porvir fez com que o homem tentasse, de diferentes maneiras, prever o que lhe estava reservado, precavendo-se desta forma da má sorte, ao mesmo tempo em que assegurava a efetivação de acontecimentos tidos como benéficos.

Muitos são os processos utilizados nesta finalidade, diversos sistemas oraculares foram desenvolvidos e largamente acessados ao longo da história humana, com maiores ou menores possibilidades de erros e acertos.

Dentre os sistemas oraculares utilizados, na ânsia de descobrir o futuro ou contatar as deidades com a finalidade de desvendar o motivo de suas provações, destacamos alguns, como a astrologia, a cartomancia, a quiromancia e a geomancia. Esses, por sua popularidade e confiabilidade, continuam a ser muito solicitados nos dias atuais.

Quase todos os oráculos, independentemente de sua origem cultural, tendem ao aspecto religioso e sugerem uma prática ritualística, de caráter muito mais místico que científico.

No Brasil, o sistema divinatório mais amplamente divulgado, aceito e praticado, é o popularmente denominado "jogo de búzios". Ele tem suas origens nas religiões africanas, mais especificamente no culto de Orunmilá, o Deus da Sabedoria e da Adivinhação.

Nossa cultura assimilou de forma notável os costumes oriundos do continente africano, legados pelos escravos que, no decorrer de vários séculos, foram para aqui trazidos de forma trágica e brutal. A música, a culinária, a maneira de ser e de agir do brasileiro testemunham, de forma inequívoca, esta influência, que não poderia deixar de ser verificada, também, na postura de nosso povo diante das religiões, quando, independentemente de sua opção ou credo, adota sempre uma atitude pautada num profundo misticismo.

Para o adepto brasileiro, como para o africano, não cai uma folha de uma árvore sem que para isto haja uma predeterminação espiritual ou um motivo de fundo religioso.

As forças superiores são sempre solicitadas na solução dos problemas do quotidiano e, seja qual for a religião de escolha do indivíduo, a prática da magia é sempre adotada na busca de suas soluções, mesmo que esta prática mágica seja velada ou mascarada com outros nomes.

O presente trabalho configura-se como uma proposta essencialmente didática que, por isto mesmo, não assegura às pessoas não iniciadas o direito de acessar o oráculo, garantindo-lhes, isto sim, a possibilidade de conhecerem a mecânica de seu funcionamento, sua interpretação e a forma como pode apresentar soluções para os problemas que diuturnamente afligem as nossas existências.

Sentimo-nos na obrigação de esclarecer ainda que o jogo de búzios, como quase todos os demais processos divinatórios, exige, como pré-requisito para que possa ser acessado, algum tipo de iniciação por parte de quem o venha a utilizar, assim como a consagração dos objetos concernentes à prática oracular.

O Oráculo Divinatório de Ifá

Denomina-se *Oráculo Divinatório de Ifá* o sistema de adivinhação utilizado pelos babalaôs, sacerdotes consagrados ao culto de Orunmilá — o Deus da Adivinhação e da Sabedoria —, considerado como a principal divindade do sistema religioso de culto aos orixás.

O babalaô (que possui o segredo) é o sacerdote de maior importância dentro do sistema religioso em questão. Todos os procedimentos ritualísticos e iniciáticos dependem de sua orientação, e nada pode escapar de seu controle.

Para absoluta segurança e garantia de sua função, o babalaô dispõe de três formas distintas de acessar o oráculo e, por inter-médio delas, interpretar os desejos e determinações das divin--dades e de outros seres espirituais: o jogo de ikins, o jogo de opelé e o jogo de búzios. Essas diferentes formas são escolhidas pelo próprio babalaô, de acordo com a importância do evento a ser realizado, sua gravidade e seu significado religioso. Existem ainda outros métodos, como o jogo de obis, que não são sistemas de adivinhação completos, mas recursos de apoio, pelos quais, no decorrer de um procedimento litúrgico, uma entidade pode ser consultada única e exclusivamente sobre o que se está fazendo.

O jogo de ikins ou Grande Jogo

Por sua importância e precisão, o jogo de ikins é utilizado exclusivamente em cerimônias de maior relevância, e só pode ser acessado pelos babalaôs, sendo direito exclusivo desta casta sacerdotal.

Compõe-se de um conjunto de ikins, nozes de dendezeiro (*Elaeis guineensis*), que são manipuladas pelo adivinho, de forma a proporcionarem o surgimento de figuras denominadas *odus*, portadoras de mensagens que devem ser decodificadas e interpretadas para que sejam corretamente transmitidas aos interessados.

Os odus são portadores, de forma cifrada, dos conselhos, exigências e orientações dos seres espirituais; determinam o tipo de sacrifício exigido e a que tipo de entidade deverá ser oferecido.

Os ikins, independentemente da quantidade que o babalaô possua — o que varia de uma para outra escola —, são selecionados, e somente 16 são colocados na palma da mão esquerda do adivinho que, com a direita, num golpe rápido, tenta retirá--los dali de uma só vez.

A configuração do odu é determinada de acordo com a quantidade de ikins que sobrem na sua mão esquerda. Se restarem duas nozes, o adivinho fará sobre o seu oponifá (tabuleiro de madeira recoberto de um pó sagrado conhecido como iyerosun) um sinal formado por um risco simples, pressionando, com o dedo médio da mão direita, o pó espalhado sobre a superfície do tabuleiro.

Se, ao contrário, restar apenas uma noz, o sinal será duplo e marcado com a pressão simultânea dos dedos anular e médio.

Esta operação é repetida tantas vezes quantas forem necessárias para que se obtenham duas figuras compostas, cada uma, de quatro sinais, simples ou duplos, enfileirados verticalmente, o que proporcionará o surgimento de duas colunas, inscritas da direita para a esquerda, uma ao lado da outra.

Se, na tentativa de pegar os ikins, sobrarem mais de dois ou nenhum, a jogada é nula e deve ser repetida.

As duas figuras surgidas desta operação indicarão o signo ou odu que estará regendo a questão, apresentando-se como responsável por sua solução, mas outros deverão ser "sacados" para o completo desenvolvimento da consulta.

Todo este procedimento é revestido de um verdadeiro ritual, e cada figura surgida e inscrita no tabuleiro, é saudada com cânticos e rezas específicas, que têm por finalidade garantir sua fixação e proteção, assim como ressaltar o respeito com que são tratadas.

Por sua complexidade, o jogo de ikins exigiria, para ser descrito integralmente, uma obra composta de muitas e muitas páginas.

o jogo de ikins ou grande jogo

Para melhor compreensão, apresentamos as representações indiciais dos 16 odus-meji ou figuras principais do sistema oracular, adotando, para isto, a ordem de chegada aceita pelos babalaôs cubanos e pela maioria dos nigerianos.

Os 16 odus-meji segundo sua ordem de chegada

1 — Eji Ogbe	2 — Oyeku Meji	3 — Iwori Meji	4 — Odi Meji
5 — Irosun Meji	6 — Owónrin Meji	7 — Obara Meji	8 — Okanran Meji
9 — Ogunda Meji	10 — Osá Meji	11 — Ika Meji	12 — Oturukpon Meji
13 — Otura Meji	14 — Irete Meji	15 — Oxe Meji	16 — Ofun Meji

O jogo de opelé

O jogo de opelé obedece à mesma ritualística exigida pelos ikins e também é exclusividade dos babalaôs. Trata-se, no entanto, de um processo mais rápido, já que um único lançamento do rosário divinatório (opelé Ifá, rosário de Ifá) proporciona o surgimento de duas figuras que, combinadas, formam um odu.

O colar ou rosário aqui usado é formado por uma corrente de qualquer metal, onde são presas oito favas, conchas, ou quaisquer objetos de forma e tamanho idênticos, que possuam um lado côncavo e outro convexo, que irão possibilitar, de acordo com suas disposições em cada lançamento, a "leitura" do odu que se apresenta.

Existem correntes confeccionadas com pedaços de marfim, osso, cascas de coco etc., sendo que a preferência da maioria dos babalaôs recai sobre um determinado tipo de semente natural da África Ocidental, conhecida como "fava de opelé", fruto da árvore *opele oga oko* (*Schrebera golungensis*) ou *igí opele* (*Schrebera arborea*) que, por sua forma, adapta-se perfeitamente às necessidades do rosário divinatório de Ifá.

As favas ou outros materiais utilizados para este fim são presas pelas extremidades à corrente, mantendo entre si uma distância sempre igual, com exceção das quarta e quinta favas, que guardam entre si uma distância um pouco maior do que a que separa das demais, o que torna possível a sua manipulação por par-te de adivinho.

Na hora do lançamento, a corrente é segura neste exato local pelos dedos indicador e polegar da mão direita; suas pontas pendentes são batidas de leve sobre o solo, o que permite que suas favas se agitem livremente; é balançada algumas vezes e lançada com as pontas voltadas para o adivinho.

Cada "perna" da corrente, contendo quatro favas, apresenta uma figura, considerando-se as favas fechadas como um sinal duplo e as abertas como um sinal simples, que deverão ser transcritos para a superfície do tabuleiro oponifá.

Todo o procedimento é idêntico ao do jogo de ikins: as figuras são inscritas no oponifá, saudadas, interpretadas e decodificadas pelo babalaô. As rezas e os cânticos são os mesmos, só o processo de apuração é diferente.

Merindilogun, o jogo de búzios

O jogo de búzios ou Merindinlogun tornou-se, no Brasil, o sistema oracular mais amplamente aceito e difundido. A preferência do brasileiro por este sistema verifica-se, provavelmente, pela inexistência, até quase o final do século XX, de babalaôs no Brasil, o que tornava absolutamente impossível o acesso aos dois processos divinatórios anteriormente descritos, enquanto que os búzios podem ser jogados por qualquer um que seja iniciado no culto dos orixás, independentemente de cargo, grau ou hierarquia. É Exu quem, por meio dos búzios, intermedia a comunicação entre os homens e os habitantes dos mundos espirituais, levando os pedidos e trazendo os conselhos e as orientações, os recados e as exigências.

Segundo uma lenda de Ifá, o acesso à adivinhação não era permitido às mulheres, numa época em que só se conheciam os jogos de ikins e de opelé. Instigado por Oxum, Exu Elegbara, assistente direto de Orunmilá, apoderou-se do segredo dos 16 mejis, revelando-o a Oxum, para que ela pudesse adivinhar pelos búzios. Em pagamento, Exu exigiu que todos os sacrifícios determinados pelo oráculo fossem, a partir de então, entregues a ele, até mesmo os destinados aos outros orixás, dos quais Exu retira sempre para si uma boa parte.

Outra vantagem que o jogo de búzios apresenta sobre os outros sistemas oraculares existentes em nossa terra é o fato de não somente diagnosticar o problema, como também apresentar a solução, por um procedimento mágico denominado ebó.

Nossa proposta é descrever minuciosamente a técnica e a magia do verdadeiro jogo de búzios na forma exata como é praticado pelos adivinhos africanos. Se fizemos uma ligeira referência aos demais processos divinatórios (ikin e opelé), foi com o objetivo de ressaltar a sua maior importância e esclarecer que aqueles procedimentos, na cultura africana, não podem e nem devem ser acessados por pessoas não iniciadas no culto de Orunmilá, sendo sua prática terminantemente proibida a pessoas do sexo feminino, assim como a todos os que pratiquem o homossexualismo.

Necessária se faz ainda uma explicação sobre a principal chave do sistema divinatório objeto de nossos estudos: as figuras ou signos denominadas odus, portadoras das revelações e mensagens que tornam possível a existência do oráculo, assim como sua coerência.

O que é odu? Qual é a sua relação com o sistema divinatório e com o ser humano? Não faz muito tempo, o tema era considerado segredo, e o termo odu, assim como os nomes das dezesseis figuras, eram considerados tabu. A simples menção de um destes nomes na presença de iniciados de alta hierarquia era considerada como falta de respeito, como um verdadeiro sacrilégio. Esta postura radical concorreu para que a maior parte do conhecimento sobre o tema desaparecesse através dos anos, na medida em que aqueles que o detinham, negavam-se a transmiti-lo, levando para a sepultura o que lhes havia sido legado por seus antepassados, e colaborando desta forma, para o efetivo esvaziamento de subsídios fundamentais e indispensáveis ao correto procedimento oracular.

Na década de 1970, o Brasil formalizou um contrato de intercâmbio cultural com a Nigéria, o que possibilitou a vinda de inúmeros estudantes nigerianos para nosso país. Este grupo, relativamente numeroso, foi dividido entre as cidades do Rio de Janeiro e de São Paulo, onde passaram a fazer parte das diversas faculdades para nelas cursarem diferentes cursos de nível superior. Ocorreu então um fenômeno muito interessante. Aqueles jovens, quase todos de formação evangélica ou islâmica, ao sentirem o interesse dos brasileiros pela religião original de sua terra, vislumbraram a possibilidade de auferirem algum lucro, e, sem o menor escrúpulo, passaram a divulgar os conhecimentos que trataram de adquirir através de livros especializados e publicados em iorubá.

O retorno financeiro era rápido e substancial, e a avidez dos menos escrupulosos levou-os ao absurdo de proceder a iniciações e até mesmo de formar grupos de babalaôs, abusando de forma vil da boa fé e do espírito hospitaleiro de nossa gente.

Isto provocou a divulgação desordenada e, pior que isto, deformada, do significado dos odus de Ifá e, a partir de então, antigos manuscritos pertencentes a tradicionais famílias sacerdotais caíram, de forma espúria, nas mãos de pessoas nem sempre bem intencionadas, que deram a eles o uso e a interpretação que melhor convinham aos seus interesses pessoais, uma vez que lhes faltava o subsídio essencial para a prática oracular, que é a interação com o sagrado, só obtida através da iniciação e do ritual.

Independentemente de todo o malefício que os jovens estudantes africanos nos trouxeram, não seria justo que omitíssemos os muitos benefícios que também foram por eles prestados à nossa religião. Alguns poucos, dentre estes estudantes, pertenciam a famílias que praticam ainda hoje o culto aos orixás; e foram estes que, assustados com a atitude desrespeitosa de seus colegas, procuraram colaborar para um melhor direcionamento de nossas práticas, com de cursos do idioma iorubá e da tradução de itans, esés e orikis, que formam a estrutura de nossa religião e onde estão contidos, quase sempre de forma alegórica, os seus principais fundamentos.

Odu tornou-se, a partir de então, assunto corriqueiro; cada um quer saber mais do que o outro, mas a grande maioria carece de esclarecimentos e conhecimentos suficientemente sólidos para que se possam declarar, como ousam fazer, profundos conhecedores do assunto.

Trata-se, na verdade, de uma abstração muitíssimo complexa, de difícil compreensão, desprovida de individualidade, podendo ser vista, ora como determinante de um acontecimento, de uma situação eventual, ora como um caminho, um acesso, um canal de comunicação ou um destino individual ou coletivo.

Para agravar ainda mais, o desconhecimento do método tradicional levou a especulações fantasiosas, o que gerou diferentes "maneiras" de consultar-se o oráculo, na maioria das quais, o que menos importa são os próprios búzios. Como exemplo, vemos hoje técnicas baseadas em cálculos matemáticos a partir da data de nascimento do cliente, o que, sendo válido em numerologia, nada tem a ver com o oráculo divinatório de Ifá.

O que é odu?

Os odus de Ifá são divididos em duas categorias distintas, a saber:

a — Os **Odus Meji** (duplos ou repetidos duas vezes), que são em número de dezesseis e compõem a base do sistema, sendo por isto conhecidos também como Odus Principais, Oju Odu ou Agba Odu.

b — Os **Omó Odus** (ou Amolus), resultado da combinação dos 16 Odus Meji entre si, o que proporciona a possibilidade de surgimento de 240 figuras compostas ou combinadas que, somadas às dezesseis principais, totalizam o número de 256 figuras oraculares.

Para melhor compreensão, apresentamos algumas figuras combinadas para que se possa visualizar a diferença existente entre suas representações indiciais, em comparação com as 16 figuras anteriormente relacionadas:

Ogbebara

I	I
I I	I
I I	I
I I	I

Interação de Ogbe com Obara

Oxetura

I	I
I I	I I
I	I
I	I I

Interação de Oxe com Otura

ODISÁ

```
| |   |
|   | |
|   | |
|   |
```

Interação de Odi com Osá

OGBEYUNO

```
|   |
|   |
|   |
| | |
```

Interação de Ogbe com Ogundá

Examinados os exemplos apresentados, podemos observar que os signos são inscritos e lidos da direita para a esquerda, ao contrário da maneira ocidental de ler e escrever e de acordo com o costume árabe, de cuja cultura é originário este oráculo.

Ao contrário do que muitos pensam, todos os odus de Ifá são portadores de coisas boas e de coisas ruins, o que nos leva a concluir que não existem odus positivos ou negativos.

Esta assertiva faz com que se complique ainda mais a adivinhação, na medida em que o adivinho tem que interpretar se a mensagem trazida pelo odu que se faz presente é boa ou ruim. Existem algumas figuras que são, na maioria das vezes, portadoras de boas notícias, mas que podem também prenunciar coisas terríveis, acontecimentos nefastos, loucura, miséria e morte.

A ignorância deste fato tem proporcionado grandes absurdos, como o costume de se "assentar" este ou aquele odu considerado benfazejo e "despachar" outros, considerados malfazejos.

Destes costumes surgiu o que se convencionou chamar "Obaramania", procedimento através do qual todos devem "agradar" Obara Meji, para garantir seus benefícios, e "despachar" Odi Meji, evitando ser atingido por sua carga de negatividades.

A verdade é que nenhum dos signos de Ifá pode ou deve ser assentado, agradado ou despachado, uma vez que os odus são determinantes de procedimentos ritualísticos, portadores de conselhos e orientações relativas ao comportamento de cada indivíduo, indicadores de remédios e de sacrifícios que sempre são oferecidos a Elegbara, em sua honra, ou para que sejam por ele conduzidos e entregues às demais entidades espirituais de todas as classes e hierarquias.

É indispensável, portanto, a qualquer pessoa que pretenda jogar búzios, um conhecimento no mínimo razoável dos 16 Odus Meji, de seus significados, suas características, suas recomendações e interdições, os tipos de bênçãos ou de maus augúrios dos quais podem ser portadores, com quais orixás e demais entidades podem estar relacionados, os tipos de sacrifícios que determinam, etc...

Como vemos, trata-se de uma tarefa que, por sua importância e responsabilidade, exige, além da iniciação específica, muita dedicação, muito sacrifício e, principalmente, muitas e muitas horas de estudo.

Ao iniciarmos nossos estudos sobre os odus, devemos observar que aqueles que integram o jogo de búzios possuem, em grande parte, nomes diferentes dos utilizados no jogo de ikins ou do opelé, como se pode observar na relação que se segue.

Tabela comparativa dos signos de Ifá

Nome do odu no jogo de búzios	Número de búzios abertos	Nome em Ifá	Ordem de chegada em Ifá
Okanran Meji	1 búzio aberto	Okanran Meji	8°
Ejioko	2 búzios abertos	Oturukpon Meji	12°
Etaogundá	3 búzios abertos	Ogunda Meji	9°
Irosun Meji	4 búzios abertos	Irosun Meji	5°
Oxe Meji	5 búzios abertos	Oxe Meji	15°
Obara Meji	6 búzios abertos	Obara Meji	7°
Odi Meji	7 búzios abertos	Odi Meji	4°
Ejionile	8 búzios abertos	Eji Ogbe	1°
Osá Meji	9 búzios abertos	Osá Meji	10°
Ofun Meji	10 búzios abertos	Ofun Meji	16°
Owónrin Meji	11 búzios abertos	Owónrin Meji	6°
Ejilaxebora	12 búzios abertos	Iwori Meji	3°
Ejiologbon	13 búzios abertos	Oyeku Meji	2°
Iká Meji	14 búzios abertos	Iká Meji	11°
Obeogunda	15 búzios abertos	Irete Meji	14°
Aláfia	16 búzios abertos	Otura Meji	13°
Opira*	Nenhum		

*Não é um odu, determina o fechamento do jogo.

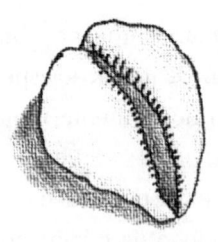

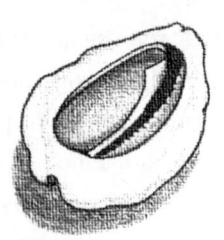

Búzio aberto   Búzio fechado

Nome das 16 figuras (odus) no Merindinlogun e suas variações

1 – **Um búzio aberto**
   Brasil: Okanran.
   Nigéria (Oyo, Ilara, Ife): Okanran, Okanran Sode, Okonron.
   Benin: Okanran.
   Cuba: Okanran, Okana Sode, Okana Sordo, Okana, Ocanasode, Ocana, Okan Chocho, Ocanani, Ocanasorde.

2 – **Dois búzios abertos**
   Brasil: Ejioko.
   Nigéria (Oyo, Ilara, Ife): Eji Oko, Eji Onko.
   Benin: Jonko.
   Cuba: Eji Oko, Ellioco, Eyi Oko, Ebioko, Eyioko.

3 – **Três búzios abertos**
   Brasil: Etaogundá.
   Nigéria (Oyo, Ilara, Ife): Ogundá, Eji Oguda.
   Benin: Guda.
   Cuba: Ogunda, Olgunda, Orgunda, Oggunda.

4 – **Quatro búzios abertos**
   Brasil: Irosun, Orosun.
   Nigéria (Oyo, Ilara, Ife): Irosun, Ogbe'rosun.
   Benin: Loso.
   Cuba: Eji Orosun, Elliolosun, Ollorosun, Eji Olosun, Ollorozun, Irozo, Iroso, Eyiolosun.

5 – **Cinco búzios abertos**
   Brasil: Oxe.

Nigéria (Oyo, Ilara, Ife): Ose Ogbese, Ogbe Segun,
Benin: Ce.
Cuba: Oche, Oshe.

6 – **Seis búzios abertos**
Brasil: Obara.
Nigéria (Oyo, Ilara, Ife): Obara, Obara, Obara b'Ogbe.
Benin: Abla.
Cuba: Obara, Ovara, Osvara.

7 – **Sete búzios abertos**
Brasil: Odi.
Nigéria (Oyo, Ilara, Ife): Odi, Edi Meji.
Benin: Di.
Cuba: Odi, Oldi, Ordi, Ordy, Oddi.

8 – **Oito búzios abertos**
Brasil: Ejionile.
Nigéria (Oyo, Ilara, Ife): Eji Ogbe.
Benin: Jyogbe.
Cuba: Eji Onle, Ojo Onle, Ellionle, Elliombe, Ollionde, Olleonle, Eyi Onde, Eyeunle, Elleunle.

9 – **Nove búzios abertos**
Brasil: Osá.
Nigéria (Oyo, Ilara, Ife): Osá, Osá'wori.
Benin: Sa.
Cuba: Osá, Asa, Osan, Ossa, Ora.

10 – **Dez búzios abertos**
Brasil: Ofun, Ofu.

Nigéria (Oyo, Ilara, Ife): Ofun, Ofun Na, Ofun Mewa.
Benin: Fu.
Cuba: Ofun, Efun, Ofui, Ofun Mefun, Ojun Majun, Ofunfun.

11 – **Onze búzios abertos**
Brasil: Owanrin, Uárin, Uórin.
Nigéria (Oyo, Ilara, Ife): Owonrin, Owonrin s'Ogbe.
Benin: Wele, Wenle.
Cuba: Owani, Oguani, Ojuani, Oguoni, Oguani Sogue, Ojuani Shober.

12 – **Doze búzios abertos**
Brasil: Ejilaxebora, Ejilá Xeborá.
Nigéria (Oyo, Ilara, Ife): Ejila Sebora, Ejila, Ejilewa Ise Ebura.
Benin: Jila-Cebola.
Cuba: Ejila Chebora, Ellila Chevora, Olli la Sebora, Elliba, Eyila, Ellila.

13 – **Treze búzios abertos**
Brasil: Eji Ologbon, Ejilobon.
Nigéria (Oyo, Ilara, Ife): Metala, Agba Metala, Odu Pariwo.
Benin: Loso-lolo.
Cuba: Metanla, Metala.

14 – **Quatorze búzios abertos**
Brasil: lká.
Nigéria (Oyo, Ilara, Ife): Merinla, Idegbe, Agba Merinla, Okan Sode.
Benin: Ka, Osanlu Ogbenjo.
Cuba: Merinla.

15 – **Quinze búzios abertos**
   Brasil: Obeogunda.
   Nigéria (Oyo, Ilara, Ife): Igara, Olo-ogba Egbo.
   Benin: Igara.
   Cuba: Marunla, Manula, Manunla.

16 – **Dezesseis búzios abertos**
   Brasil: Aláfia.
   Nigéria (Oyo, Ilara, Ife): Merindinlogun, Medinlogun, Edilogun.
   Benin: Otua.
   Cuba: Medilogun, Meridilogun.

Abertura do jogo

Acima de qualquer outra coisa, o jogo de búzios exige um ritual diário que objetiva assegurar bons resultados nas consultas.

Todos os dias, ao despertar, o adivinho tem que proceder ao ritual de "abrir o jogo", o que exige a recitação de rezas apropriadas, denominadas "mojuba", por intermédio das quais Orunmilá, os orixás, os ancestrais, os elementos da natureza e outras entidades são reverenciados e convidados a participar do jogo, permitindo que este seja efetuado sob seus auspícios e proteção.

Após seu banho matinal indispensável, o adivinho dirige-se ao aposento onde pratica a adivinhação e ali dá início ao ritual, que deverá seguir a seguinte ordem:

1º — Coloca um copo com água limpa e fresca à direita de sua mesa, peneira ou esteira de jogo.

2º — Acende uma vela à esquerda.

3º — Coloca seus búzios e demais objetos que compõem o jogo no centro do atê (o "chão" ou terra simbólica, o espaço onde joga: mesa, peneira ou esteira).

4º — Dispõe os cinco símbolos indicadores da natureza da consulta na posição irê (os símbolos e suas disposições serão explicados mais adiante).

5º — Coloca entre as duas mãos espalmadas os 21 búzios que compõem seu jogo.

6º — Reza a mojuba do jogo.

7º — Repõe, no centro de sua mesa, os 16 búzios selecionados para as consultas do dia, podendo, a partir daí, proceder à primeira consulta ou tomar seu desjejum.

A mojuba

Com os 21 búzios entre as mãos, o adivinho diz:
1 — Ifá ji o Orunmilá!
2 — Bi o lo l'oko, ki o wa le o!
3 — Bi o lo l'odo, ki o wa le o!
4 — Bi o lo l'ode, ki o la le o!

Em seguida, segura todos os búzios na mão esquerda e recita:
5 — Mo fi ese re te le bayi! (Neste momento bate o pé esquerdo no chão.)

Passa os búzios para a mão direita e recita:
6 — Mo fi ese re te ori eni bayi,
7 — Mo gbe o ka l'ori ate Fa,
8 — Ki o le gbe mi ka l'ori ate Fa titi lai! (Bate o pé direito no chão.)

Deposita os búzios no centro do atê e, com o dedo médio e o anular, traça um círculo, no sentido anti-horário, em redor dos búzios e diz:

9 — Mo ko le yi o ka,
10 — Ki o le ko le yi mi ka,
11 — Ki o le jeki omó yi mi ka,
12 — Ki o le jeki owo yi mi ka!

Com os mesmos dedos traça um círculo em sentido contrário e diz:
13 — Mojuba o!
14 — Mojuba o!
15 — Iba sé!
16 — Iba sé!
17 — Iba!

Em seguida, salpicando água no solo, diz:
18 — Ile mojuba — iba sé!

Traçando sobre o atê uma linha que vai de seu corpo até os búzios, diz:
19 — Mo la ona fun o tororo,
20 — Ki o le jeki owo to onã yi wa sodo mi!

Novamente salpicando água no solo, diz:
21 — Mo sé ile bayi!

Salpicando água sobre a peneira, diz:
22 — Mo sé ate bayi!

Pegando todos os búzios entre as mãos, recita:
23 — A gun sé o, a gun sé!
24 — Bi akoko g'ori igui a sé!
25 — A gun sé o, a gun sé!
26 — Bi agbe ji a ma sé!
27 — A gun sé o, a gun sé!
28 — Bi aluko ji a ma sé!
29 — A gun sé o, a gun sé!
30 — Elegbara, iba o!
31 — Ogum sé!

32 — Osun a ma sé!
33 — Sangô iba e o, iba!
34 — Obatalá a ma sé!
35 — Bogbo Osá a ma sé!
36 — Oba Aiye, ati Oba Orun, iba yin o!
37 — Ile iba e o!
38 — Orunmilá ború!
39 — Orunmilá boiye!
40 — Orunmilá bosise!
41 — Adupe o!

Recolocando todos os búzios no centro do atê, diz:
42 — A tun ka li asiwere ika owo ré !

Com a mão direita, vai pegando um búzio de cada vez e depositando na mão esquerda. Para cada búzio vai falando:
43 (1º búzio) — Iba Oluwo!
44 (2º búzio) — Iba Ojugbona!
45 (3º búzio) — A ko en li Fa!
46 (4º búzio) — A te ni l'ere,
47 (5º búzio) — A ko bayi,
48 (6º búzio) — A te bayi,
49 (7º búzio) — A sé bayi
50 (8º búzio) — Iba kukubole!
51 (9º búzio) — Iba Oba!
52 (10º búzio) — Iba Oyinbo!
53 (11º búzio) — Iba Olopa!
54 (12º búzio) — Iba ejó!
55 (13º búzio) — Iba ofo!
56 (14º búzio) — Iba ayalu igí!
57 (15º búzio) — Iba ibón!
58 (16º búzio) — Iba okutá!

Deposita os 16 búzios recolhidos no meio do atê e vai separando o restante para um lado, dizendo:
59 (17º búzio) — Iba ibaju!
60 (18º búzio) — Iba efin!
61 (19º búzio) — Iba loko!
62 (20º búzio) — Iba lodo!
63 (21º búzio) — Iba lodan!

Estes cinco últimos búzios separados são cobertos com metade de uma cabacinha e, com eles dentro da cabaça, diz:
  64 — Oro kan so ko si awo n'ile! (Girando a cabaça no sentido anti-horário.)
  65 — Oro kan so ko si agba n'ile! (Girando a cabaça no sentido inverso.)

Tradução da mojuba
  1 — Ifá, eu te invoco, oh Orunmilá!
  2 — Se você foi para a fazenda, volte para casa!
  3 — Se você foi ao rio, volte para casa!
  4 — Se você foi caçar, volte para casa!
  5 — Eu seguro o seu pé esquerdo e bato o meu com força no solo!
  6 — Seguro seu pé direito e bato o meu com força no solo!
  7 — Eu o convido para sentar-se na esteira, para que você permita que eu me sente nela para sempre!
  8 — Eu o convido para ficar na bandeja, para que você me permita ficar sempre nela!
  9 — Eu construo uma casa ao seu redor,
  10 — Para que possa construir uma casa ao meu redor!
  11 — Só você pode colocar muitos filhos em minha vida!
  12 — Só você pode colocar muito dinheiro ao meu alcance!
  13 — Eu te reverencio!
  14 — Eu te reverencio!
  15 — Eu te saúdo!
  16 — Eu te saúdo!
  17 — Eu te saúdo!
  18 — Terra, eu te presto homenagem!
  19 — Eu abro um caminho pelo qual a revelação virá a mim!
  20 — Só tu podes permitir que, por este caminho, o dinheiro chegue às minhas mãos!
  21 — Eu refresco a terra!
  22 — Eu refresco a peneira!
  23 — Subir e permanecer, subir e permanecer!
  24 — Enquanto o akokô for o maior entre as árvores!
  25 — Subir e permanecer! Subir e permanecer!
  26 — Enquanto o agbe me der permissão!
  27 — Subir e permanecer! Subir e permanecer!
  28 — Enquanto o aluko me der permissão!

29 — Subir e permanecer! Subir e permanecer!
30 — Salve Elegbara!
31 — Ogum me dê permissão!
32 — Oxum me dê permissão!
33 — Salve Xangô! Salve!
34 — Obatalá me dê permissão!
35 — Que todos os orixás me dêem permissão!
36 — Reis da Terra e Reis dos Céus, minhas reverências!
37 — Terra, eu te presto homenagens!
38 — Orunmilá indique o ebó!
39 — Orunmilá receba o ebó!
40 — Orunmilá aceite o ebó!
41 — Eu agradeço!
42 — Eu conto e reconto como um homem avaro reconta sempre o seu dinheiro!
43 — Salve meu Oluo!
44 — Salve meu Ojubona!
45 — E todos os que oferecem sacrifícios a Ifá!
46 — E todos os que propagam o seu nome!
47 — E todos os adivinhos que recorrem ao seu oráculo!
48 — E todos os que utilizam suas marcas!
49 — E todos os que reconhecem seu poder!
50 — Salve as formigas da montanha!
51 — Salve os Reis!
52 — Salve os homens brancos!
53 — Salve a polícia!
54 — Salve os casos de justiça!
55 — Salve as perdas!
56 — Salve as folhas dos arvoredos!
57 — Salve os metais!
58 — Salve as pedras!
59 — Salve as pancadas!
60 — Salve a fumaça!
61 — Salve as matas!
62 — Salve os rios!
63 — Salve os campos!
64 — Uma só palavra pronunciada não pode colocar um adivinho dentro de casa!
65 — Uma só palavra omitida não pode colocar um adivinho fora de casa!

Atendimento ao consulente

Cada pessoa que procura um jogo de búzios ou qualquer outro oráculo é motivada por algum tipo de problema que a aflige e tira a sua tranquilidade.

A função do adivinho é, pelo oráculo, contatar o problema, dissecá-lo e apresentar soluções para o mesmo. Para que isto possa ocorrer com absoluta segurança, é indispensável que exista um clima propício de concentração e religiosidade total, não se podendo esquecer que as entidades invocadas durante a reza de abertura estão presentes, assistindo e emprestando auxílio ao adivinho, ao mesmo tempo em que testemunham seu procedimento, a sinceridade com que passa as informações obtidas pelo jogo, assim como o respeito pela condição do consulente que, pelo simples fato de estar presente à consulta, demonstra uma confiança que não pode nem deve ser traída sem que isto implique em severas penas e punições para o adivinho.

O jogo de búzios deve sempre ser cobrado. Segundo um itan, "quem provoca o ruído produzido pela queda dos búzios, do opelé ou dos ikins, deve pagar por isto."

Se o cliente for por demais desfavorecido pela sorte, ou se está atravessando uma fase de absoluta miséria, deverá, mesmo assim, colocar uma moeda de valor insignificante, nos pés de Elegbara, mesmo que esta moeda tenha sido anteriormente fornecida pelo próprio adivinho.

A pequena mojuba

É indispensável que os guias protetores do consulente, e principalmente seu Olorí, concedam permissão para que seus segredos sejam exteriorizados, para que sua intimidade seja invadida e vasculhada. A obtenção desta permissão é solicitada por meio de um procedimento simples e rápido, mas indispensável, e que deve ser repetido para cada cliente.

Pegando entre as mãos, ou somente na direita, os 16 búzios selecionados para as consultas do dia, o adivinho vai tocando leve e rapidamente determinados pontos do corpo do consulente, com a mão onde estão encerrados os búzios e vai rezando cada um destes pontos, da forma que se segue.

1 — Tocando o alto da cabeça diz: *Ago Leri.*
2 — Tocando a testa: *Ka jeri gbe boru.*
3 — Tocando a garganta: *Ala koko tutu.*
4 — Tocando a nuca: *Esu ni pa ko.*
5 — Tocando o ombro direito: *Kele opá otun.*
6 — Tocando o ombro esquerdo: *Kele opá osi.*
7 — Tocando o centro do peito: *Elese keta burunukú.*
8 — Tocando o joelho direito: *Elesentele.*
9 — Tocando o joelho esquerdo: *Elesentele ka ma fa setê.*
10 — Tocando o peito do pé direito: *Ikan burukú.*
11 — Tocando o peito do pé esquerdo: *Ikan burukú lode.*
12 — Tocando as costas da mão direita: *Lo wariku.*
13 — Tocando as costas da mão esquerda: *Lo wariku Baba wa.*

Em seguida coloca os búzios nas mãos do consulente para que segrede a eles seus pedidos, avisando-lhe de que nada de mal pode ser pedido neste momento. Somente coisas boas e acontecimentos felizes podem ser invocados.

Isto feito, o adivinho recolhe os búzios e, esfregando-os entre as mãos, direciona-os para:

1 — O alto, e diz: *Ati Orun!*
2 — O solo, e diz: *Ati Ayê !*
3 — O lado direito, e diz: *Ati Otun!*
4 — O lado esquerdo, e diz: *Ati Osi!*

A primeira jogada é então efetuada e, ao lançar os búzios, o adivinho diz as seguintes palavras:
— *Osá re o!*

Esta frase deverá ser pronunciada todas as vezes que os búzios forem lançados durante o decorrer de toda a consulta.

O Odu Opolé

A primeira jogada, ou primeira mão lançada, é a mais importante de cada consulta, pois indica o Odu Opolé (que está com os pés sobre o solo), ou seja, o odu que se apresenta como orientador, regente e responsável pela consulta que está sendo feita.

Este odu é anotado, restando agora, que já se identificou o mesmo através da contagem dos búzios abertos, saber se é portador de um bom ou de um mau augúrio.

Para saber se o Odu Opolé está *irê* (positivo, portador de coisas boas) ou se está *osôbo* ou ibi (negativo, portador de acontecimentos nefastos), é utilizada a técnica conhecida como "amarração do íbo", que descreveremos em todos os seus detalhes e minúcias.

São quatro os tipos de íbos utilizados como elementos de apoio ao adivinho, e que fornecem uma segurança absoluta na medida em que respondem *sim* ou *não* às perguntas formuladas no decorrer da consulta.

Os íbos de mão

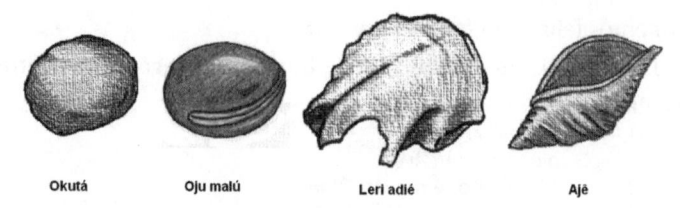

| Okutá | Oju malú | Leri adié | Ajé |

1º íbo — **Okutá**. É uma pedra lisa, redonda e pequena, geralmente branca ou bem clara, que responde sempre *sim*, *irê*, afirmativo.

2º íbo — **Oju malú**. Trata-se da nossa conhecida fava olho-de-boi. Responde *não*, *osôbo*, negativo.

3º íbo — **Leri adié**. É a parte superior do crânio de uma galinha ou galo que tenha sido sacrificado a Exu Elegbara. Substitui o okutá assim que se descubra que o Odu Opolé está osôbo. Como o elemento que substitui, responde *sim*, *irê*, positivo.

4º íbo — **Ajé**. É um pequeno caramujo do mar, de forma cônica e espiralada. Substitui o okutá quando o Odu Opolé estiver em *irê ajê*, um bem relacionado a dinheiro. Responde *sim, irê*, afirmativo. Só participa do jogo se a mensagem for positiva e relacionada a dinheiro.

Para apurar se o Odu Opolé está irê ou osôbo, o adivinho pega o okutá, toca com ele a testa do cliente e diz:
— *Ire!* (Irê!)
Na tentativa de obter uma resposta auspiciosa do Odu Opolé.
Em seguida entrega o okutá ao cliente, dizendo:
— *Okutá bonihem*. (A pedra responde sim com segurança).
Entrega também a fava olho-de-boi e diz:
— *Oju Malú be ko*. (O olho-de-boi responde não).

Manda que o cliente sacuda os dois símbolos entre as mãos e que os separe aleatoriamente, devendo ficar um em cada mão fechada, sem que o adivinho possa saber em que mão se encontra este ou aquele símbolo.

Os búzios são novamente lançados por duas vezes consecutivas, e os resultados destas caídas, ou seja, os odus que se apresentarem, é que irão determinar qual das mãos deverá ser aberta pelo consulente, observando-se, para isto, as seguintes regras:

a — O primeiro lançamento corresponde à mão esquerda do consulente.
b — O segundo lançamento corresponde à mão direita.
c — O odu mais velho (menor número de búzios abertos) determina que mão deverá ser aberta.
d — Em caso de empate, a mão esquerda deverá ser aberta.
e — Se na mão escolhida encontrar-se o Okutá, o Odu Opolé está irê.
f — Se ao contrário, na mão escolhida estiver o Oju Malú, o Odu Opolé está osôbo e o Oju Malú é imediatamente substituído pelo Leri Adié.
g — A cada lançamento a frase "*Osá re o*" é repetida.

Vamos exemplificar este procedimento descrevendo um jogo imaginário.

1 — O cliente, depois de ser submetido à pequena mojuba, faz seus pedidos aos búzios, que são imediatamente devolvidos ao adivinho; este, após os procedimentos de praxe, lança a primeira mão, ao mesmo tempo em que pronuncia a frase "*Osá re o*".

2 — Contados os búzios abertos, verifica-se que o Odu Opolé é Oxe, com cinco búzios abertos.

3 — O adivinho pega o Okutá e toca de leve a testa do consulente, pedindo irê.

4 — Entrega o Okutá ao cliente, dizendo: "Okutá bonihen".

5 — Entrega o Oju Malú e diz: "Oju Malú beko".

6 — Solicita que o cliente agite os dois íbos entre as mãos e que os separe aleatoriamente, um em cada mão, que deverão ser mantidas fechadas para que o adivinho não possa saber em qual delas se encontra este ou aquele íbo.

7 — Faz outro lançamento que corresponde à mão esquerda do cliente, verificando o surgimento de Obara Meji, com seis búzios abertos.

8 — Mais um lançamento e, desta vez, apresenta-se Odi Meji, representado por sete búzios abertos.

9 — Como o odu da jogada que corresponde a mão esquerda do cliente é considerado mais velho por identificar-se por um menor número de búzios abertos, o adivinho solicita que o cliente abra a mão esquerda.

10— Aberta a mão esquerda, verifica-se que o íbo que ali se encontra é o Oju Malú, o que revela que o Odu Opolé (no caso Oxe Meji), está osôbo, ou seja, é portador de alguma coisa ruim, negativa, maléfica.

12— O Okutá é imediatamente substituído pelo Leri Adié, que deverá permanecer até o final da consulta.

A origem do problema

Agora que já conhecemos o Odu Opolé e que já sabemos se é portador de uma benção (irê) ou de um malefício (osôbo), precisamos conhecer a natureza do problema que trouxe o consulente até nossa presença e à presença de Ifá. Para isto, dispomos de outros cinco símbolos que servem para indicar que tipo de irê ou de osôbo está sendo prenunciado pelo Odu Opolé. Estes símbolos devem estar sempre presentes na mesa de jogo e na disposição relativa a irê, só mudando para a disposição de osôbo após verificarmos que o Odu Opolé está osôbo.

Abira — os símbolos de orientação, seus significados e disposições

Os símbolos utilizados para a identificação do problema são cinco, a saber:

Okutá keke — pedra pequena.
Igbín — ponta da casca do grande caracol consagrado aos orixás funfun.
Caurí meji — dois búzios abertos e unidos de forma que as frestas naturais fiquem viradas para fora.
Egum — pedaço de osso de um animal que tenha sido sacrificado a Exu Elegbara: crânios ou pedaços de vértebras são os mais usados.
Apadí — caco de porcelana ou de cerâmica, de qualquer objeto destes materiais que tenha se partido acidentalmente.

Os símbolos devem permanecer sempre na disposição irê, que é a seguinte (da direita para a esquerda):

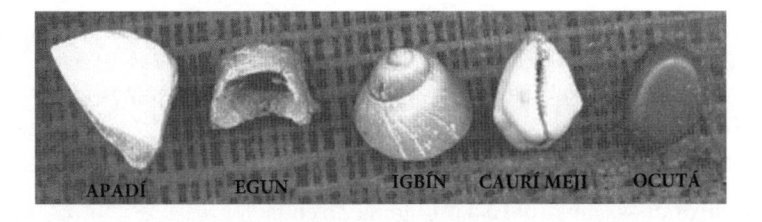

| APADÍ | EGUN | IGBÍN | CAURÍ MEJI | OCUTÁ |

1 — Okutá — irê aiku (não ver a morte)
2 — Caurí — irê ajê (dinheiro)
3 — Igbín — irê aiya ou okó (cônjuge)
4 — Egum — irê omó (filhos)
5 — Apadí — irê axegun (vitória sobre inimigos)

A disposição dos símbolos em osôbo

Logo que verifique que o Odu Opolé está osôbo, de acordo com o surgimento do Oju Malú na primeira amarração do íbo, o adivinho, depois de substituir o Okutá pelo Leri Adié, troca a disposição dos símbolos que, em osôbo, são arrumados, sempre da direita para a esquerda, da forma que se segue:

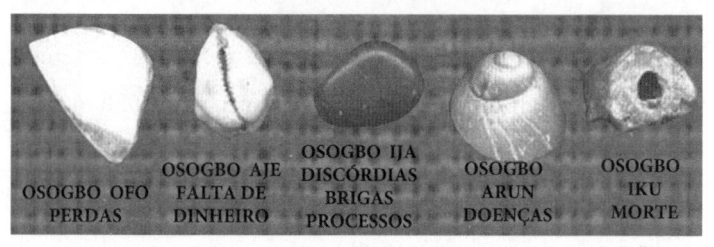

| OSOGBO OFÓ PERDAS | OSOGBO AJE FALTA DE DINHEIRO | OSOGBO IJA DISCÓRDIAS BRIGAS PROCESSOS | OSOGBO ARUN DOENÇAS | OSOGBO IKU MORTE |

1 — Egum — osôbo ikú (morte)
2 — Igbín — osôbo arun (doenças)
3 — Okutá — osôbo ija (problemas judiciais, brigas, confusões)
4 — Caurí — osôbo aje (falta de dinheiro, necessidades)
5 — Apadí — osôbo ofu (perdas)

Como podemos verificar, não é só a disposição dos símbolos que muda, seus significados também variam quando o Odu Opolé está em osôbo.

A escolha do símbolo determinante da origem da consulta

Para que possamos saber que tipo de problema aflige nosso consulente, recorremos ao auxílio dos cinco símbolos anteriormente descritos, e é o próprio jogo que irá eleger o símbolo, indicando, assim, qual é o problema do consulente.

O procedimento é simples e constitui-se em cinco lançamentos dos búzios, um para cada símbolo, começando do primeiro situado à direita e seguindo em direção à esquerda até o quinto e último símbolo.

Assim sendo, teremos, em osôbo, a seguinte sequência de jogadas:
1ª jogada: Relativa ao símbolo egum (osso).
2ª jogada: Relativa ao símbolo igbín (casca do caracol).
3ª jogada: Relativa ao símbolo okutá (pedra).
4ª jogada: Relativa ao símbolo caurí (búzios).
5ª jogada: Relativa ao símbolo apadí (caco de porcelana).

Para que se apure qual o símbolo determinado pelas cinco jogadas, devem-se observar as seguintes regras:
a — O odu mais velho (menor número de búzios abertos) determina o símbolo.
b — Em caso de empate, é escolhido o símbolo que tenha sido indicado primeiro pelo odu mais velho.
c — O surgimento de Ofun Meji (10 búzios abertos) determina que o símbolo para o qual tenha surgido é o escolhido, não havendo necessidade de se efetuar lançamentos subsequentes que faltem.
d — O surgimento de Eji Onile (8 búzios abertos) determina, da mesma forma que Ofun Meji, o símbolo indicador do problema, não sendo necessário completar os lançamentos que faltam.

Voltemos, então, ao nosso exemplo.

Havíamos constatado, com o surgimento do Oju Malú na mão esquerda do cliente, que o Odu Opolé (Oxe Meji) estava em osôbo. Agora, depois de havermos efetuado os cinco lançamentos correspondentes aos cinco símbolos, anotamos o surgimento dos seguintes odus (posição osôbo):
1º símbolo — Egum — Osá Meji (9 búzios abertos).
2º símbolo — Igbín — Odi Meji (7 búzios abertos).
3º símbolo — Okutá — Eji Oko (2 búzios abertos).
4º símbolo — Caurí — Oxe Meji (5 búzios abertos).
5º símbolo — Apadí — Obara Meji (6 búzios abertos).

Efetuados os cinco lançamentos, conforme o esquema acima, pode-se verificar que o odu mais velho surgido nesta sequência é Eji Oko, respondendo na terceira mão, referente ao Okutá (osôbo ija, ou seja, okutá em osôbo), assim apuramos que o consulente está envolvido em algum tipo de confusão.

Agora, pela técnica da amarração dos íbos, poderemos verificar de que tipo de confusão se trata, perguntando se é problema de justiça, envolvimento com polícia, briga em família, briga de rua etc. É neste momento que o conhecimento das mensagens do Odu Opolé (no caso Oxe Meji) é de grande valia para um melhor encaminhamento da consulta.

Jogadas duplas, com amarração dos íbos, são efetuadas até que se tenha certeza de que o osôbo ija é referente, por exemplo, a uma questão de justiça que se configura de forma desfavorável para o nosso consulente. Sua derrota é iminente e os resultados serão muito prejudiciais.

Amarra-se novamente os íbos para saber se existe um meio de amenizar o problema. Se a resposta for *não*, deve ser transmitida ao cliente; se for *sim*, pergunta-se a Elegbara se basta um dos ebós específicos de Oxe Meji. Se a resposta for *sim*, prescreve-se o ebó e pergunta-se a Exu se isto basta. Se, ao contrário, a resposta for *não*, pergunta-se a Exu se quer algum sacrifício animal, que tipo de sacrifício deseja (começa-se sempre a oferecer o mais simples e menos dispendioso, levando-se em consideração que Elegbara aceita os mais diversos tipos de sacrifícios animais, desde um simples peixe, um pinto ou uma codorna, até um boi ou outro animal de grande porte).

Terminada a negociação com Elegbara, pergunta-se se o sacrifício a ele oferecido é bastante para solucionar o problema. Em caso de resposta afirmativa, encerra-se o jogo. Se a resposta for *não*, devemos novamente recorrer aos símbolos auxiliares, para saber, desta vez, quem, além de Elegbara, pode agir favoravelmente, se é possível modificar o que está sendo preconizado

merindilogun, o jogo de búzios 57

e o que deverá ser providenciado como sacrifício e oferenda para que o resultado passe a ser favorável.

Os símbolos são reagrupados em nova ordem para que nos indiquem agora se é egum, orixá, ebora, Orunmilá ou o próprio Iporí do cliente quem deverá receber o sacrifício para assegurar um final feliz para a questão.

Neste caso, os significados dos símbolos passam a ser os seguintes:

Egum — a solução do problema será confiada a um egum, que tanto pode ser Baba Egum, como um ancestral familiar do consulente, um guia espiritual como caboclo, preto-velho, exu ou pombagira de umbanda etc.
Igbín — significa que é um orixá funfun quem se encarrega da solução.
Caurí. — significa que Orunmilá se encarrega do problema.
Okutá — significa que quem se encarrega de resolver o problema é um ebora.
Apadí — é o próprio Iporí do consulente quem vai se encarregar do problema.

Como nas ocasiões em que se apura o tipo de irê ou o tipo de osôbo, lançam-se então os búzios por cinco vezes consecutivas, uma para cada símbolo. A regra de apuração é a mesma, ou seja, o odu com menor número de búzios abertos determina o símbolo escolhido. Em caso de empate, ganha o símbolo em que o odu surgiu primeiro. O surgimento de Ofun Meji ou de Eji Onile representa ser, o símbolo para o qual tenham saído, o eleito. A pesquisa termina aqui.

Imaginemos uma situação em que o adivinho tenta apurar que entidade se encarregará de resolver uma determinada situação vislumbrada no decorrer de uma consulta.

Joga para o 1º símbolo (Egum) — cai Obara Meji (6 abertos).
Joga para o 2º símbolo (Igbín) — cai Odi Meji (7 abertos).
Joga para o 3º símbolo (Caurí) — cai Oxe Meji (5 abertos).

Joga para o 4º símbolo (Okutá) — cai Eta Ogunda (3 abertos).

Joga para o 5º símbolo (Apadí) — cai Eta Ogunda (3 abertos).

O odu com menor número de búzios abertos na sequência de jogadas descritas, é Eta Ogunda, com três búzios abertos. No caso este odu surgiu duas vezes (quarta e quinta jogadas). Segundo a regra anteriormente descrita, prevalece o símbolo para o qual este odu surgiu primeiro, concluindo-se, então, que o símbolo eleito seja o Okutá.

De posse desta informação, o adivinho sabe que quem se encarrega de solucionar o problema é um ebora, restando saber qual ebora.

Ebora, como todos sabem, são os nossos orixás, que por este nome, diferenciam-se dos denominados orixás funfun.

A diferença é fundamental e está relacionada ao diferente posicionamento hierárquico existente entre estas e aquelas divindades.

Orixás funfun ou orixás brancos são aqueles que participaram da cosmogênese, ou seja, da elaboração de todo o universo. Segundo os ensinamentos de Ifá, são inumeráveis, e citamos, dentre eles, alguns mais conhecidos entre nós, como Oxalufã, Oxaguiã, Baba Ajalá, Oxá Oko, Odudua, Obatalá, Oban'la, Oxá Oke, Baba Olujobé, etc.

Os ebora são de hierarquia imediatamente inferior e teriam participado da criação do nosso planeta, quiçá do nosso sistema planetário; dentre eles citamos apenas alguns, como Ogum, Oxóssi, Omolu, Xangô, Ossaim, Airá, Aganjú, Logunedé e Oxumarê, todos considerados masculinos, e também Iemanjá, Oxum, Oiá (Iansã), Euá, Obá, Nanã etc., estes últimos portadores de características femininas.

Agora o adivinho terá que saber qual o ebora que se apresenta em auxílio de seu cliente e para isso terá que novamente recorrer à amarração dos íbos, perguntando primeiro se é ebora masculino. Se a resposta for *sim*, segue perguntando se é Ogum, se é Xangô, se é Oxóssi etc., até que os íbos forneçam um *sim* como resposta.

O mesmo ocorrerá se a resposta for *não*, só que, agora, as perguntas formuladas serão em relação às iabás: é Oxum? Oiá? etc., até obter uma resposta afirmativa.

Identificado o ebora — convencionemos que tenha sido Oxum —, o adivinho procurará saber o que deseja para resolver o problema. Para isto, pergunta primeiro se Oxum quer adimú (presente ou agrado que se oferece a uma divindade e que não requer sacrifício animal).

Se Oxum aceita, pesquisa — sempre amarrando o íbo — qual o tipo de adimú. Se não aceita, pergunta se quer sacrifício animal (pombo? galinha? cabra? etc.) até que se defina o tipo de sacrifício exigido pela iabá.

Algumas vezes, a coisa se complica e, por mais que se ofereça, o ebora responde *não*. Nestes casos, é preciso perguntar se o ebora em questão é Olorí do consulente e se quer feitura, obrigação, assentamento etc.

Uma vez apurado o sacrifício e a quem deve ser destinado, o adivinho pergunta mais uma vez se o que foi exigido é suficiente para resolver o problema e, em caso afirmativo, dá o jogo por encerrado.

O ebó é tirado, o sacrifício exigido é relacionado e uma descrição completa sobre o que foi constatado no jogo é passada ao cliente, acrescida de conselhos e orientações contidas nas mensagens, itans e esés do Odu Opolé.

Os diversos tipos de irê e de osôbo

Sabemos que cada símbolo utilizado na adivinhação é determinante de um tipo de irê ou de osôbo, e que tem um sentido genérico, funcionando como uma espécie de pista que deverá ser trilhada até que a essência do problema seja trazida à superfície. Tentaremos dissecar, de forma mais aprofundada, os significados de cada um dos símbolos.

Os símbolos em irê

10 — Okutá — Irê aiku ou ariku
Significa um bem de não ver a morte. Assegura que não haverá morte, seja qual for o problema que a pessoa está enfrentando. O consulente, embora esteja ou venha a estar em confronto com a morte, escapará com vida. Pode fazer referência a uma doença, uma cirurgia, um acidente, uma ameaça pessoal etc., assegurando, contudo, que a pessoa não morrerá. Assegura vida longa.

20 — Caurí — Irê ajê
Um bem que chega por meio ou em forma de dinheiro. Pode significar solução de um problema financeiro, melhoria de posição econômica por diversos meios, como aquisição de emprego, recebimento de herança, aumento de salário, obtenção de empréstimo ou financiamento, ganho em jogos etc. Refere-se sempre à aquisição de recursos pecuniários. Todas as vezes que surgir este tipo de irê, o okutá utilizado na amarração do íbo deve ser substituído por um pequeno caramujo ajê, que será usado até o final da consulta. Este procedimento é indispensável e exclusivo de irê ajê.

merindilogun, o jogo de búzios 61

3O — IGBÍN — IRÊ OKUNRIN (PARA MULHERES) OU IRÊ OBINRIN (PARA HOMENS)

Um bem que chega por meio do cônjuge, noivo(a), namorado(a), amante ou qualquer pessoa com a qual o consulente se relacione sexualmente. Pode anunciar reatamento de uma relação rompida, volta da pessoa amada, conquista de um amor, ou um benefício de qualquer espécie adquirido por intermédio desta pessoa.

4O — EGUM — IRÊ OMÓ

Um bem que chega pelo(s) filho(s). É prognóstico de alegrias adquiridas por intermédio do(s) filho(s). Pode prenunciar o nascimento de um filho desejado, o retorno de um filho pródigo, sucesso do(s) filho(s) em qualquer atividade que exerçam, benefícios adquiridos por intermédio do(s) filho(s), neto(s), descendente(s) em geral.

5O — APADÍ — IRÊ AXEGUN OTA

Um bem de vitória sobre os inimigos. Prenuncia qualquer tipo de vitória em situações que envolvam disputas com outras pessoas. Fala de vitórias judiciais, concorrências comerciais, concursos, torneios, questões pessoais, brigas etc.

Os símbolos em osôbo

1O — EGUM — OSÔBO IKÚ

Pode significar a morte do consulente ou de alguém a ele ligado. É indispensável que se pergunte quem está ameaçado de morte, se é o próprio cliente, se seu cônjuge, pai, mãe, filho etc. A evidência da morte é sempre assustadora, mas este tipo de preconização nem sempre é irremediável. É necessário que se apure o que deve ser feito, para evitar o evento nefasto, se para isto houver consentimento.

20 — Igbín — Osôbo arun

Um mal relativo a doença. Se a pessoa não estiver doente ou se não houver alguém de suas relações preso de alguma enfermidade, seguramente isto está prestes a acontecer. Pode também prenunciar um acidente que resultará em sequelas mais ou menos graves. Cirurgias, internações hospitalares geradas nos mais diversos motivos etc. É necessário que se tenha uma compreensão bastante ampla deste osôbo, que pode, por vezes, ser visto como um benefício, principalmente quando se consulta para uma pessoa já doente e consciente do seu mal. Neste caso, o osôbo assegura a existência da enfermidade mas não prenuncia morte em decorrência dela.

30 — Okutá — Osôbo ija ou ejó

Anuncia qualquer tipo de confusão na qual o consulente se meteu ou irá se meter. Fala de questões judiciais, envolvimento com polícia, brigas em casa ou na rua, falatórios desabonadores da honra etc., sempre tendo o envolvimento do cliente e em seu prejuízo.

40 — Caurí — Osôbo ajê

Prenuncia toda sorte de dificuldades financeiras. Fala em miséria, falta de recursos que supram as necessidades mais imediatas, absoluta falta de dinheiro agravada pela ausência de meios para obtê-lo. Este osôbo traz uma mensagem inversa, mas perfeitamente relacionada com o irê ajê.

50 — Apadí — Osôbo ofu

Fala principalmente em perdas que já ocorreram ou estão para acontecer. É necessário aprofundar-se bastante na interpretação deste osôbo, levando-se em consideração que as perdas a que se refere nem sempre são patrimoniais ou financeiras, podendo tratar-se de outros tipos de perdas, como de amizades, cargos, empregos, relacionamentos afetivos, oportunidades, vitalidade, energia física ou psíquica etc.

O jogo do obi

O jogo do obi (semente da árvore coleira, *Cola acuminata*) se resume no sistema mais elementar de comunicação oracular, obtendo-se, da entidade que se acessa, uma resposta rápida e eficaz, podendo simplesmente ser interpretada como *sim* ou *não*.

Procedimento
O obi, por ser considerado um vegetal sagrado, não pode ser cortado com facas ou congêneres, motivo pelo qual somente os obis que possuam quatro ou mais gomos podem ser usados para finalidades religiosas.

Na impossibilidade de se obter um obi de quatro gomos, é preferível utilizar-se dois obis de dois gomos do que partir os dois gomos de um obi com faca.

Antes de se manipular o obi, deve-se consagrá-lo. Para tanto, existem ofos específicos, dentre os quais usamos o seguinte:
    Obi reé o!
    Obi ni i bi ibi dànu l'ona re,
    Obi l'a fíí bé ikú,
    Obi l'a fíí bé àrun,
    Obi l'a fíí bé`ofo,

Gbogbo ohun buburu yii ni obi yoo máa bi dànu l'ona re.
Nibi nkan rere ati ayo ni à á bá obi,
Oró rere nii yó obi l'ápo,
Rere ni isé ti ó kó yii yoo yórí si o.
Awón ijokoo yoo tún se àsé!
Àsé! Àsé! Àsé!

Isto feito, abre-se o obi, separando seus quatro segmentos e dispondo-os no chão ou sobre um prato.

O obi deve ser aberto com as mãos, sem uso de facas ou quaisquer outras ferramentas.

De cada parte retira-se, com as unhas, o broto existente no interior e, para cada broto retirado, vai-se dizendo:
Kosi iku
Kosi arun
Kosi ofo
Kosi íbi.

Os pedacinhos, retirados e reunidos na mão, são colocados ao redor da oferenda que está sendo feita, enquanto se pronunciam as seguintes palavras:
Colocando um pedacinho atrás da oferenda: *Ati orun!*
Colocando um pedacinho diante da oferenda: *Ati aye!*
Colocando um pedacinho no lado direito da oferenda: *Ati otun!*
Colocando um pedacinho no lado esquerdo da oferenda: *Ati osi!*
Esfrega-se as mãos e diz-se: *Lo wáriku Baba wá!*

Em seguida, com os quatro segmentos dispostos lado a lado no solo ou no prato, fazem-se libações com água, acompanhadas das seguintes palavras:
Omi tutu, obi tutu, ina tutu, tutu onan, lo wariku Baba wá!

Pegando-se os quatro pedaços de obi se diz:
Obi fun... (aqui se pronuncia o nome da entidade com quem se está em comunicação).

Todos os presentes respondem:
Afániá!

Os obis são então lançados. Com os quatro segmentos do obi na mão, se pergunta aos orixás ou aos eguns onde querem que se despache o ebó, se estão satisfeitos com o sacrifício oferecido, se alguma coisa foi omitida no decorrer do trabalho, se houve algum erro, se o sacrifício será eficaz etc. Em seguida, jogam-se os pedaços do obi no chão.

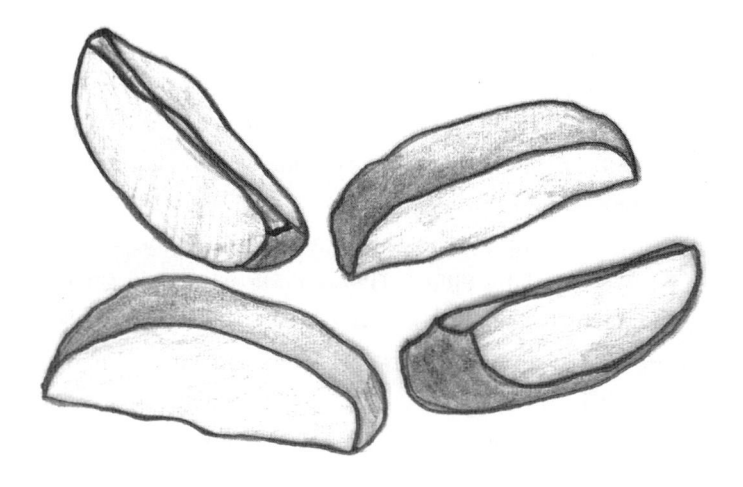

O pedaço de obi estará fechado se cair com a parte interna para baixo; e estará aberto se cair com a parte interna para cima.

De acordo com a disposição que se configure ao caírem no chão os quatro pedaços de obi lançados pelo adivinho, podem-se obter cinco tipos de "letras" ou respostas, e nada mais que isto. Essas respostas são as seguintes:

    4 abertos: Aláfia. Responde *sim*, tudo bem, tranquilidade, felicidade. Tem que se perguntar de novo para maior segurança.

1 FECHADO E 3 ABERTOS: OTAWA. Responde *sim*, mas sem muita segurança. É necessário que se repita a pergunta.
2 ABERTOS E 2 FECHADOS: EJIFE. Ratifica uma resposta de Aláfia. É a caída melhor do jogo de obis, responde *sim* e sua palavra é segura e irrefutável. Não precisa perguntar mais.
3 FECHADOS E 1 ABERTO: OKANA SODE. Diz *não* e é prenúncio de acontecimento nefasto.
4 FECHADOS: OYEKU. Diz *não*. É uma caída ruim, pode ser prenúncio de morte.

Interpretação e desenvolvimento do jogo

Se num lançamento cair Aláfia, deve-se repetir a pergunta em busca de confirmação. Se a resposta seguinte for Ejife, está tudo bem, não fica a menor margem de dúvida e não se faz necessário repetir a pergunta.

Aláfia pode ser uma resposta boa ou ruim. Se depois de Aláfia cair novamente Aláfia, Ejife ou Otawa, pode-se considerar a resposta como boa. No entanto, se sair Oyeku, a resposta é negativa, ruim, e deve-se perguntar aos orixás o que deve ser feito para anular esta resposta, que sacrifício deve ser feito para evitar qualquer tipo de negatividade que possa estar sendo prenunciada.

Quando Otawa se repete (cai duas vezes seguidas), podemos estar seguros de que a resposta é positiva. Se, no entanto, a figura não se repetir, é preciso muito cuidado, e volta-se a fazer a pergunta para maior segurança. Obtendo-se, então, Aláfia ou Ejifé, a resposta configura-se de forma positiva.

Quando cair Oyeku, sabe-se que a resposta ao que foi indagado é *não*. E provável que o sacrifício que está sendo oferecido esteja sendo recusado e deve-se, imediatamente, procurar saber o que deve ser feito para corrigir seja lá o que estiver errado.

Em Okana Sode o orixá responde não ao que lhe tenha sido perguntado. Indica, quase sempre, que alguma coisa no trabalho que está sendo feito está errada, e que deve ser imediatamente corrigida para não produzir maus resultados.

SEGUNDA PARTE
Os dezesseis odus

Informações gerais

Algumas informações são necessárias para o entendimento de alguns simbolismos utilizados na descrição dos odus.

Os odus e os pontos cardeais
Todos os signos de Ifá possuem uma relação com os pontos cardeais que, como eles, são em número de 16. Os quatro odus considerados como principais (Ogbe, Odi, Oyeku e Iworí) estão relacionados aos pontos Leste, Norte, Oeste e Sul, respectivamente, e os demais estão relacionados aos pontos colaterais (Nordeste, Sudeste, Sudoeste, Noroeste) e subcolaterais (Nor-nordeste, Lés-nordeste, Lés-sudeste, Sul-sudeste, Sul-sudoeste, Oés-sudoeste, Oés-noroeste, Nor-noroeste).

Valor numérico dos odus
Além das ordens de chegada de Ifá e do Merindinlogun já apresentadas neste trabalho, existe outra denominada "ordem de chegada geomântica" que, segundo se crê, encerra o mistério da criação, vida, morte e reencarnação.

Atribui-se, a cada odu, o valor numérico correspondente ao seu posicionamento nesta ordem, que é a seguinte: 1 – Ogbe; 2

– Ogunda; 3 – Irete; 4 – Irosun; 5 – Otura; 6 – Ose; 7 – Odi; 8 – Obara; 9 – Osá; 10 – Iworí; 11 – Ofun; 12 – Iká; 13 – Owónrin; 14 – Oturukpon; 15 – Okanran e 16 — Oyeku.

Odus masculinos e femininos
A classificação dos odus como masculinos e femininos nada tem a ver com sexo, referindo-se, isto sim, a energias ativas ou passivas.

São considerados odus "masculinos": Ogbe, Iworí, Irosun, Obara, Ogunda, Iká, Otura e Ose.

Os classificados como "femininos" são: Oyeku, Odi, Owónrin, Okanran, Osá, Oturukpon, Irete e Ofun.

Excepcionalmente Ofun, relacionado como "feminino", é o único que comporta em si os dois aspectos, sendo, por isto, considerado "hermafrodita".

Descrição dos odus

Okanran Meji

Significados e interpretação

Okanran Meji é o 1º odu no jogo de búzios e corresponde ao 8º na ordem de chegada do sistema de Ifá, onde é conhecido pelo mesmo nome.

Responde com um búzio aberto no jogo de búzios.

Em Ifá, é conhecido entre os fon (jejes), como "Aklan Meji" ou "Akālā Meji".

O significado do termo "Okanran" em iorubá seria: "uma só palavra" ou "a primeira palavra é a boa" (*Okan o lan*).

Sua representação indicial em Ifá é:

```
I I    I I
I I    I I
I I    I I
 I      I
```

Que corresponde, na geomancia europeia, à figura denominada "Tristitia" (Tristeza).

Okanran Meji é um odu composto pelos elementos Terra sobre Água, com predominância do primeiro, o que indica a sensação de sufoco, vácuo, saturação e estreitamento.

Corresponde ao ponto cardeal Nor-noroeste e seu valor numérico é 15.

Suas cores são o vermelho, o negro, o branco e o azul.

É um odu feminino, representado esotericamente por dois perfis humanos enquadrados num retângulo, numa provável referência ao culto dos orixás gêmeos (Ibeji).

Okanran Meji é o chefe dos gêmeos e simboliza o mistério que envolve a sua existência. Segundo os ensinamentos de Orunmilá, todos os gêmeos são gerados neste signo e dependem dele e de sua influência. Existe um provérbio de origem fon, relacionado ao Odu Okanran Meji, coletado por Bernard Maupoil (1981), que afirma: "E nõ hoho cobõ sõ nõ klã" (A concepção faz os gêmeos, o nascimento os separa). A fala humana foi introduzida por este odu e, com ela, todos os idiomas existentes. Por este motivo, Okanran Meji é considerado o protetor da oratória.

Indica independência e capacidade de realizar tudo o que se queira.

Como influência negativa, as pessoas nascidas sob este signo não recebem qualquer reconhecimento por parte de seus semelhantes, por mais que lhes façam o bem. Em contrapartida, o odu lhes assegura invulnerabilidade contra feitiços e bruxarias. São pessoas desconfiadas, esquivas, medrosas e tristes.

Okanran Meji indica situações de perigo, diante das quais a pessoa está indefesa e sem possibilidades de ser socorrida.

Prenuncia morte súbita, risco de cirurgias no ventre e no aparelho urinário, briga em família, depressão física e moral, má nutrição celular, hipotensão, todos os tipos de enfermidades causadas por insuficiências, deficiências, diminuição da força vital.

Demonstra fanatismo religioso, impossibilitando a capacidade de um raciocínio lógico e filosófico.

Embora possua, como todos os outros, aspectos positivos, é um odu de prenúncios quase sempre negativos, como a noite que chega, a tempestade que se aproxima.

Saudações de Okanran Meji
Em nagô:
    Okanran ki kara ko ma fonja
    ki ma fikan iya kosi kan.
Em fon:

Mi kan Aklan Meji
emi site sin, hontõ ñãnlu do me,
bo jijõ dãgbe te me!

Tradução:
Saudemos Okanran Meji!
Eu me perdi num local onde imperam a falsidade e a traição,
Mas agora parto em busca de um lugar melhor,
Onde exista apenas sinceridade.

Okanran Meji em irê

Quando em irê, Okanran Meji pode indicar principalmente: vocação religiosa, eloquência, solução de problemas por intermédio de simples entendimentos, nascimento de uma criança, nascimento de gêmeos, virilidade no homem, sexualidade na mulher, progresso ou enriquecimento repentino.

Okanran Meji em osôbo

Em osôbo, este Odu pode indicar: fanatismo religioso exacerbado, injustiças, ingratidão, inquietude, abandono, lágrimas, perigo iminente e irremediável, inimigos ocultos, novidade, barulho, alvoroço, visita estranha, coisas negativas em todos os sentidos, susto, grandes perigos, roubos, prisão, ruína e perda de tudo.

Neste odu falam as seguintes divindades:
Voduns (jeje): Hohovi, Legba, Dã, Sakpata, Hevioso e Tohosu.

Orixás (nagô): Ibeji, Exu, Oxumarê, Omolu e Egum (geralmente, os eguns que se comunicam por este Odu são ancestrais consanguíneos do consulente).

Interdições de Okanran Meji

Okanran Meji proíbe aos seus filhos comer acaçá envolvido em folhas que não tenham sido colhidas com preceito ritualístico, carne de cão, de búfalo e de macaco. Também proíbe cortar ou queimar galhos ou ramos de iroco, amarrar feixes de lenha, tocar em cipós.

Sentenças de Okanran Meji

1 — SE O SACO DE CARREGAR CRIANÇA ESTIVER BEM AMARRADO AO COLO, MESMO QUE VIRE, A CRIANÇA NÃO CAIRÁ NO CHÃO.

Indica que a mulher em estado de gravidez corre o risco de abortar. A mulher deverá preparar, com suas próprias mãos, dois saquinhos de tamanhos diferentes. No saco menor serão colocados dezesseis grãos de milho branco e no saco maior, dezesseis grãos de milho vermelho. Uma galinha que já tenha gerado pintinhos é sacrificada para Elegbara e dela, dezesseis penas são separadas.

Feito isto, o sacerdote marca Okanran Meji no iyerosum sobre seu opon, recolhe um pouco do pó e o coloca, junto com os grãos contidos no saco menor e as penas da galinha oferecida a Elegbara, dentro do saco maior. O saco é então amarrado com muita segurança, enfeitado com os traços indiciais de Okanran Meji e pendurado, de boca para baixo, sobre a cama da mulher. A boca do saco deverá estar muito bem amarrada para que nada se derrame de seu interior.

O outro saco será preparado da mesma forma, sendo que os grãos de milho branco que haviam sido colocados inicialmente em seu interior, serão substituídos por outro tantos de milho vermelho, devendo ser entregue ao marido para que o pendure sobre sua cama, de boca para baixo. Este procedimento evitará que a mulher venha a abortar.

2 — UMA ÁRVORE ABATIDA DEIXA EM PÉ UMA PARTE DE SEU TRONCO.

Sempre que morre um gêmeo, a mãe deve mandar entalhar uma estatueta de madeira com as características do falecido, dando a ela o nome do filho morto e oferecendo-lhe uma parte de tudo o que o gêmeo sobrevivente venha a consumir como alimentação.

Mensagens de Okanran Meji
Sentença: Para que o mundo exista, tem que haver o bem e o mal.

Este Odu indica que você anda fazendo coisas erradas que poderão ser descobertas.

Existe alguém, parente ou amigo seu, que está doente e só será curado com o auxílio de um Orixá.

Tenha muito cuidado com o fogo, existe perigo iminente de acidentes com ele.

Não lance pragas nem maldições em ninguém.

Você está passando por sérias dificuldades, tem que dar comida à cabeça para encontrar a paz.

Você corre o risco de perder uma criança de sua família.

Cuidado para não ser atacado ou mordido por um cão.

Novidades, já a caminho, chegarão à sua casa.

Uma viagem planejada representa sério perigo para a sua vida.

Você não gosta de ouvir a verdade, é incrédulo, e não acredita muito nos santos.

Quando lhe dizem alguma coisa, prefere não seguir as orientações, como se não soubesse de nada.

A justiça será feita na porta da sua casa.

Você vai passar por um susto muito grande.

Você gosta de brigar, e detesta perder em qualquer circunstância. Evite brigas e discussões nos próximos dias, com quem quer que seja.

descrição dos odus

Não ande na rua tarde da noite, nem porte armas, isto poderá lhe ocasionar sérios problemas e, por engano, será preso ou sofrerá um atentado.

Todos os seus projetos e planos acabam se perdendo e caindo no abandono.

Não use roupas demasiadamente surradas.

As pessoas que hoje lhe viram as costas são as mesmas a quem serviu no passado.

Sua própria família não lhe dá importância.

Você tem um amigo que fala mal de você, e isso lhe tem prejudicado muito.

Às vezes você sente vontade de morrer.

Não coma nem beba nada na casa de amigos ou parentes.

Em sua casa falta alguma coisa que foi roubada.

Cumpra o que prometeu às almas.

Não maltrate os cães.

Mande rezar missa pela alma de um conhecido seu.

Saia de casa e ande até sentir-se cansado. Faça isto durante três dias seguidos.

Você está preso ao vício do álcool ou das drogas.

Ebós em Okanran Meji

Ebó 1

Um peixe fresco, um carretel de linha branca, um de linha vermelha e um de linha preta, um punhado de cinzas de carvão, um charuto, um obi, otí, dendê, mel e um galo preto.

Passa-se tudo no corpo e arruma-se dentro de um alguidar.

As linhas são desenroladas, passando sobre os ombros da pessoa, de trás para frente, e vão sendo jogadas dentro do alguidar.

Sacrifica-se o galo para Egum e coloca-se dentro do alguidar.

Cobre-se tudo com epô, otí e mel, espalham-se as cinzas por cima e despacha-se numa estrada de movimento.

Ebó 2

Uma vela, uma garrafa. de aguardente, padê de quatro tipos (cachaça, dendê, mel e água), um ovo, um bolo de farinha, efun, pipoca, um charuto, uma rosa vermelha, frango ou galinha, fósforos, pano branco, linha branca, um acaçá branco, um acarajé.

Passa-se tudo no cliente e despacha-se na encruzilhada ou no mato.

Ebó 3

Sete folhas de mamona com talos e sementes, quatro tipos de padê (dendê, mel, água e aguardente), 1m de morim preto, vermelho e branco, velas, frango.

Arriar as sete folhas no chão, colocar um pouco de cada padê dentro de cada uma delas, passar e bater as folhas nas costas da pessoa. Sacrificar o frango, dividir em sete pedaços, colocar um em cada folha. Despachar em sete encruzilhadas diferentes, sendo uma folha em cada encruzilhada. Depois de despachado o ebó, tem que dar banho de ervas na pessoa e oferecer comida seca ao seu Orixá.

Ebó 4

Um galo, farofa de dendê, uma folha de mamona, pano preto, pano branco, sete ovos, sete velas, sete bolos pequenos de farinha com água.

Fazer saraieiê no cliente, sacrificar o galo a Exu, abrir o bicho pelas costas, colocar tudo dentro, enrolar nos panos e despachar na rua. Banho de ervas no cliente.

Ebó 5

Dendê, aguardente, mel, 1 coração de boi, 1 pedaço de fígado, 1 vela, 1 moeda.

Passar no cliente, arrumar no alguidar, regar com mel, dendê e aguardente, levar para a rua e oferecer a Elegbara.

Ebó 6

Sete tipos de padê (mel, dendê, água, cachaça, água de arroz, azeite doce, champanhe), sete acaçás brancos, velas, fósforo, cigarrilhas, rosas, galinha.

Despachar no alto de uma ladeira.

Ebó 7

Padê de mel, de água e de cachaça, 21 acaçás, 1m de corda, 1m de morim branco, ebô de Oxalá, milho verde cozido.

Passa-se tudo no cliente, recolhe-se no morim, e despacha-se numa encruzilhada.

Ejioko

Significados e interpretação

Ejioko é o 2º Odu no jogo de búzios e corresponde ao 12º na ordem de chegada do sistema de Ifá, onde é conhecido pelo nome de Oturukpon.

Responde com dois búzios abertos.

Em Ifá é conhecido entre os Fon (jeje), como "Turukpen" ou "Turukpon Meji", onde o "r" é constantemente substituído pelo "l". Alguns o chamam ainda de "Bokonō Lelo", "Awonō Lelo", "Lelojime" ou simplesmente "Lelo".

Em iorubá os termos "Lelo", "Lero", "Ilero", (de "Ile-Oro"), significam "Terra Firme" (MAUPOIL, 1981).

Sua representação indicial em Ifá é:

```
I I   I I
I I   I I
 I     I
I I   I I
```

Que corresponde, na geomancia europeia, à figura denominada "Albus" (Branco, alvo): o termo "albus" designa, em latim, a cor branca. Em referência à figura geomântica em questão, propõe a ideia de pureza, limpeza, transparência, alguma coisa imaculada.

Ejioko é um Odu composto pelos elementos Terra sobre Ar, com predominância do primeiro; sua figuração indicial evoca luminosidade, transparência.

Corresponde ao ponto cardeal Oés-noroeste e seu valor numérico é 14.

Suas cores são todas aquelas derivadas do vermelho, aceitando também o negro e tudo o que for estampado com estas duas cores.

É um Odu feminino, representado esotericamente por um feto dentro de um útero, referência à sua influência sobre os estados de gravidez.

Representa as inchações, a gravidez e, de forma geral, tudo o que é arredondado: rostos redondos, seios grandes, protuberâncias anormais como furúnculos, tumores, hérnias, elefantíase etc.

É um Odu ligado às Ajés e, segundo dizem, foi o criador da diarreia.

Sua influência sobre as mulheres grávidas pode provocar abortos e partos prematuros.

Aqui, sob as ordens de Ofun Meji, foi criada a Terra, e por este motivo é um signo ligado à abundância e à riqueza.

Foi este signo que criou as montanhas, e é também um dos Odus dos gêmeos.

Foi por intermédio deste Odu, que Orunmilá transmitiu sua ciência aos sábios, para que eles a transmitissem aos homens comuns.

Os filhos deste Odu são pessoas destinadas ao sucesso, a galgarem altos postos, devendo para isso, submeterem-se com muito boa vontade, aos sacrifícios exigidos.

Fala de inversões sexuais e de bruxarias feitas através de comidas ou bebidas.

Indica que a mulher trai o marido e que se ainda não o fez, é por falta de oportunidade.

Determina separação de mãe e filho e muita tristeza por este motivo.

É uma figura quase sempre boa que propõe paz interior e equilíbrio nas ações.

Saudações de Ejioko
Em iorubá:
>Ejioko ejife
>Owó ejife owó.

Em fon:
>Mi kan Turukpon,
>Turukpon Lelo!
>Kàgbeto nogbe ko-a!
>Emi kun naje goto
>hun kponsõ o!

Tradução :
>Saudemos Oturukpon,
>Oturukpon Lelo!

Que jamais sejamos atingidos
Pelas doenças que se escondem
Debaixo dos panos! (Doenças venéreas).

Ejioko em irê

Quando em irê, Ejioko pode indicar principalmente: atitudes puras e inocentes, sensibilidade artística, dignidade, evolução material ou espiritual, conquista de posições elevadas, progresso em todos os aspectos, vitórias, honrarias, encontro de dois corações, casamento, convivência sexual, empreendimento bem sucedido.

Ejioko em osôbo

Em osôbo, este Odu pode indicar: possibilidade de aborto ou parto prematuro, inveja de terceiros, atraso de vida por olho grande, trabalho de feitiçaria feito contra a pessoa, problemas gerados por má interpretação de palavras ou atitudes, melancolia, perdição por amor, separação da família (principalmente da mãe), frigidez nas mulheres, impotência nos homens, inimigos ocultos.

Tipos de doenças indicadas por este Odu: órgãos sexuais internos nos homens, órgãos reprodutores nas mulheres, sífilis, doenças adquiridas sexualmente, inchações em geral, elefantíase, diarreias, indisposições da gravidez, anomalias sensoriais, impotência sexual, inversões sexuais (para ambos os sexos).

Neste odu falam as seguintes divindades:
Voduns (jeje): Sakpata, Dã Aydohwedo, Gu, Hevioso, Na, Hoho, Mawu e Kpo Vodun[1].

---

[1] Espírito do Leopardo. Kpo Vodun é o leopardo-vodum, que não deve ser confundido com o leopardo real do Abomey. Antes da chegada dos

Orixás (nagô): Omolu, Oxumarê, Kposun, Ogum, Xangô, Odudua, Nanã, Ibeji.

Interdições de Ejioko

Ejioko proíbe aos seus filhos: o mamão, o galo, a galinha-d'angola, as serpentes, o leopardo, o elefante, a hiena, o sorgo, todos os tipos de pássaros usados em feitiçaria, os macacos, o cão e o gato.

Sentenças de Ejioko
1 — A TERRA NÃO SE ASSENTA SOBRE A CABEÇA DE UMA CRIANÇA.

Ejioko, segundo Odu no Merindinlogun, corresponde a Oturukpon, décimo segundo signo na ordem de chegada em Ifá e último de uma série de forças misteriosas que, segundo se afirma, estão associadas aos signos do zodíaco. Os doze primeiros signos estão como que reunidos no símbolo do último. Aquele que encontra Oturukpon Meji supostamente encontra todos que o antecedem.

Mensagens de Ejioko
SENTENÇA: A GUERRA COMEÇA ENTRE DOIS IRMÃOS.

Sua vida não irá para a frente enquanto você não parar com a mania que tem de rogar pragas e desejar mal aos outros.

Tenha cuidado para não se envolver em problemas com a justiça.

Alguém, em sua casa, costuma chorar durante a noite e ver o fantasma de uma donzela.

Você gosta de levantar a mão contra os outros, ou atirar objetos em cima de quem o incomoda.

Aja, que o adotaram como brasão, o leopardo era considerado como uma divindade pelos Gevede (MAUPOIL, 1981).

Acha que é muito forte, mas o inimigo pode vencê-lo com muita facilidade.

Pode sofrer uma entorse nos pés ou na coluna, e isto o deixará doente e impossibilitado de se locomover livremente.

Tem que tomar borí, fazer santo e oferecer um adimú a Ibeji.

Tem que dar um galo a Exu, para que abra seus caminhos.

Sente tonteiras e dores de cabeça.

Alguém, em sua casa, tem problemas nas pernas.

Em sua casa existe uma pedra que pertence a um determinado Orixá. Esta pedra deve ser tratada e alimentada.

Não conte seus sonhos a ninguém, nem retenha coisas que não lhe pertençam.

Você precisa recuperar um objeto que empenhou ou emprestou a alguém.

Procure jogar na rua um pouco de tudo o que comer.

Tem que permanecer mais tempo dentro de casa. A felicidade, nem sempre pode ser encontrada na rua.

Você tem muitos inimigos e não deve andar dizendo que sabe tudo.

Os fios de contas de Orixás, que você possui, devem ser lavados e alimentados, para que possam protegê-lo de verdade.

Um parente morto pede uma missa. Mande rezá-la com a máxima urgência.

Mais cedo ou mais tarde terá que fazer santo.

Cuidado com a inveja, seus parentes são os primeiros a caluniá-lo.

Só conseguirá adquirir o imóvel de seus sonhos depois que cuidar bem do seu lado espiritual.

Evite brigas dentro de casa para que não ocorra uma tragédia em família.

Se, estando este Odu como opolé, na segunda jogada sair Osá (9 búzios abertos), assinala doença incurável.

Neste caso, é preciso tomar borí ou fazer santo para que o Orixá salve a pessoa.

O mal está localizado da cintura para baixo.

Ebós em Ejioko

Ebó 1

Um galo, duas penas de papagaio, dois aros de ferro, dois obís, duas favas de ataré, dendê, mel, otí e pó de efun.

Passa-se o bicho no cliente e sacrifica-se para Exu. Arruma-se tudo dentro de um alguidar e deixa-se diante de Exu de um dia para o outro. As penas e os aros de ferro ficam no Exu, o resto é despachado no lugar indicado pelo jogo.

Ebó 2

Dois preás, arroz, feijão, farinha etc. (comida preparada normalmente, como a que se faz para as pessoas da casa), duas velas, dois alguidares, cachaça.

Os preás são sacrificados à Elegbara no igbá; as comidas são servidas nos dois alguidares e arriadas ao lado. Os preás são limpos e seus couros permanecem na casa de Exu depois que o ebó tenha sido despachado no mato.

Ebó 3

Um etú, dois pregos de cumeeira, dendê, mel, otí, farinha crua, pano branco, efun.

Prepara-se padê de mel, dendê e otí num mesmo alguidar; sacrifica-se o etú sobre Exu e coloca-se arrumado no alguidar com o padê; cobre-se tudo com pó de efun. Os pregos de cumeeira recebem ejé do etú e são colocados no igbá de Exu. Prepara-se uma bandeira branca, envolve-se o ebó em pano branco e despacha-se numa praça, com a bandeira branca espetada em cima.

EBÓ 4

Adié meji, orogbo meji, avental novo, uma enxada usada.

Com a enxada cava-se um buraco dentro de uma mata. Sacrifica-se as adié dentro do buraco, coloca-se um orogbo no bico de cada uma, cobre-se com o avental e coloca-se um punhado de moedas por cima. O buraco deve permanecer aberto depois de entregue o sacrifício. Rega-se tudo com dendê, mel e otí.

Eta Ogundá

Significados e interpretação

Eta Ogundá é o 3º Odu no jogo de búzios e corresponde ao 9º na ordem de chegada do sistema de Ifá, onde é conhecido pelo nome de Ogunda Meji.

Responde com três búzios abertos.

Em Ifá, é conhecido entre os Fon como "Guda Meji" ou "Gudoji".

Etimologicamente, o termo iorubá "Ogunda Meji" propõe a seguinte interpretação: "Ogum da ejá meji" — Ogum partiu o peixe em dois, numa alusão a uma lenda de Ogunda Meji ou Ogum (iorubá) ou Gu (fon) — orixá ou vodum do ferro e por extensão da guerra, e Da — repartir, dividir, separar. Ogunda Meji significaria então, "Ogum divide em dois".

Sua representação indicial em Ifá é:

```
  I     I
  I     I
  I     I
 I I   I I
```

Que corresponde, na geomancia europeia, à figura denominada "Cauda Draconis" (Cauda do dragão). Esta figura é considerada de tal forma perigosa na geomancia que, sempre que surja ocupando a casa 1, o jogo será fechado. A consulta para o consulente é encerrada e, naquele dia, não se pode consultar o oráculo sobre o mesmo tema.

Eta Ogundá é um Odu composto pelos Elementos Fogo sobre Ar, com predominância do primeiro, o que representa o dinamismo transformado em obstáculo, o esforço voltando-se contra quem o despendeu e levando ao fracasso.

descrição dos odus 93

Corresponde ao ponto cardeal Nor-nordeste e seu valor numérico é 2.

Suas cores são o negro, o branco e o azul. É um Odu masculino, representado esotericamente por um punhal ou facão, numa referência ao Orixá Ogum, ou à ereção do membro viril (Gun em iorubá evoca a ideia de ereção).

Este Odu, assim como o Orixá Ogum, rege todos os metais negros, tudo o que é de ferro e o trabalho realizado nas forjas, ocupando-se também do arco e da flecha.

Considerado um símbolo muitíssimo perigoso, comanda o membro viril, os testículos, a ereção, o esperma, e determina, até certo ponto, os hábitos sexuais e as doenças venéreas.

Embora a noção de corte, de separação, esteja ligada a Ogundá, a decapitação não é de seu domínio e, se está sempre presente a este tipo de acontecimento, é somente como instrumento do mesmo. Os animais oferecidos sob as ordens deste Odu devem ser decapitados, em decorrência da ideia de divisão incluída no próprio nome do signo.

Foi sob este signo que Xangô desceu à Terra. Segundo alguns babalaôs, Ogum e Xangô possuem origem idêntica, e a diferença reside apenas em suas manifestações.

Eta Ogundá preside os partos e, desta forma, todas as crianças vêm ao mundo sob sua ação e responsabilidade.

Prenuncia dúvidas, falsidade oculta, prisão, briga, casos de justiça, perigo, vícios, depravação e guerra.

Aconselha a não confiar nos outros para não sofrer decepções. Se o consulente for do sexo masculino, é pessoa volúvel e sem fé.

Fala de corrupção, de perversão, desvio de comportamento, vícios e maldades.

As pessoas nascidas sob este signo possuem um sentido de moral não muito sólido, são ciumentas, enganadoras e dissimuladas. Dotadas de inteligência muito bem desenvolvida, costumam usá-la de forma astuta e diabólica.

É um Odu muito forte e seus prenúncios são quase sempre negativos. Quase sempre diz *não* e sua ação é destrutiva e dissolvente.

Saudações de Eta Ogundá
Em iorubá:
   Ogunda teteli,
   Farale, afesule,
   Lesi losun.

Em fon:
   Mikã Guda Meji.
   Ma saglagla ha ie o!

Tradução:
   Saudemos Ogunda Meji
   Para que sua força
   Nunca se volte contra nós!

Eta Ogundá em irê
Quando em irê, Eta Ogundá pode indicar principalmente: desmascaramento de pessoas que vêm agindo com falsidade, descoberta de uma traição, vitória sobre inimigos, guerra ou disputa em que a vitória está assegurada, vigor físico, virilidade, nascimento de uma criança, sobrevivência em uma situação de extremo perigo.

Eta Ogundá em osôbo
Em osôbo, este Odu pode indicar: violência imposta ou sofrida, corrupção moral, toxicomania, alcoolismo, falta de escrúpulos, guerra, disputas acirradas que levam a desenlaces violentos, acidentes, morte violenta, agressões, perigo em viagens, inver-

sões e perversões sexuais, traição, morte por envenenamento, conduta imoral.

Neste odu falam as seguintes divindades:
Vodum (jeje): Lisa, Age, Dã, Ke, Hevioso, Hoho, Gu e Hevioso
Orixá (nagô): Ogum, Xangô, Oxóssi, Oxumarê, Ibeji, Oxaguiã, Exu e Ajé.

Interdições de Eta Ogundá
Eta Ogundá proíbe aos seus filhos: comer carne de galo, inhame pilado, mandioca, carne de crocodilo, de antílope, de serpentes; cavar sepulturas ou buracos, transportar armas ou guardá-las embaixo da cama (principalmente facas e punhais). É proibido, também, o consumo de bebidas alcoólicas.

Sentenças de Eta Ogundá
1 — A FACA QUE ATACA O SORGO COME O SEU CADÁVER (A ESPIGA DO SORGO).
Se o consulente não morrer, derrotará seus inimigos.

Ebó: Com uma faca, cortar algumas espigas de sorgo (pode substituir por milho) e embrulhá-las num pano, juntando a elas várias frutas que possam ser cortadas com faca. O sacerdote sacrifica um cabrito, pila alguns grãos de sorgo e mistura a farinha obtida a um pouco de iyerosun; coloca tudo dentro de uma almofada que será entregue ao cliente que, depois de enfeitá-la com contas verdes e amarelas, oferecerá a Ifá. No forro da almofada são colocados os chifres do cabrito sacrificado, o iyerosum misturado com a farinha e vários grãos inteiros do sorgo. O embrulho com as espigas e as frutas é oferecido a Elegbara junto com o cabrito sacrificado. A faca utilizada também fica dentro da almofada. Enquanto este objeto permanecer no local onde for colocado, o cliente triunfará sobre seus inimigos.

2 — A MULHER DO CAÇADOR NÃO GRITA EM VÃO, A FLECHA DE SEU MARIDO PENETROU O CORPO DE UM ANIMAL.

Os desejos do consulente serão realizados.

Ebó: O consulente deverá oferecer a Elegbara uma lança de ferro, sobre a qual deverá ser sacrificado um galo. A lança deverá permanecer, para sempre, no igbá de Elegbara.

Prece do ebó:
Guda gbãun! Gun!
Gbãun! Te!
Gbãun! Tete!
Tete gbãun!
Te! Gbãun!

3 — A MADEIRA RECURVADA NÃO PRECISA MAIS SE PREOCUPAR COM SUAS COSTAS.

O consulente, não tendo mais ereções, não precisa mais se preocupar com o cansaço ocasionado pelo ato sexual.

Ebó: Um pequeno arco de ferro (gã-da ou ofá), deverá ser colocado sob o pênis do consulente; um galo é imolado sobre o conjunto, de forma que o ejé escorra sobre o pênis e o arco, e caia sobre o igbá de Ogum ou de Exu (apura-se antes a quem será oferecido o sacrifício). O arco deverá ser mantido para sempre no igbá.

Mensagens de Eta Ogundá

SENTENÇA: A TRAGÉDIA É SEMPRE GERADA NUMA MÁ ATITUDE.

Este Odu assinala que você pode agredir alguém com uma arma branca ou barra de ferro.

Tenha cuidado para não se ferir com ferro ou aço, o ferimento poderá ser fatal.

Você fez alguma coisa que o envolveu, ou envolverá com a justiça.

Não brigue com seu cônjuge e evite sair de casa durante sete dias.

Você se sente amedrontado ou triste porque pressente um perigo muito grande que o ameaça. O aço está muito perto de sua carne, sedento do seu sangue.

Cuidado para não ser agredido ou morto por engano.

Cuide do estômago, evite álcool e comidas fortes.

Você tem três inimigos que desejam destruí-lo.

Obatalá está zangado com você por sua atitude de desrespeito aos Orixás.

Pare de envolver-se com mulheres estranhas, uma delas tentará amarrá-lo.

Se for mulher, terá sérios problemas com o marido ou namorado, que a surpreenderá na companhia de outro homem. Isto poderá provocar uma tragédia.

Não aceite convites feitos por uma mulher.

Uma pessoa vigia seus passos e, por ódio ou despeito, é capaz de tudo para prejudicar a sua vida.

Alguém, em casa, tem problemas de dores na cintura.

Não aceite convite para uma viagem, não ande a cavalo.

Se tiver que realizar algum negócio peça antes proteção a um Orixá, do contrário não dará bons resultados.

Examine bem papéis relativos a um contrato com outra pessoa que não é leal com você.

Existe alguém que tenta destruir uma amizade sua, falando mal de você, para que briguem.

Evite ficar parado na porta de sua casa, isto coloca sua vida em risco.

Você anda meio desinteressado com o sexo e sente dores nos rins e na cintura. Evite encostar-se nas paredes e andar em grupos.

Ebós em Eta Ogundá

Ebó 1

Um galo, um peixe fresco, um pedaço de carne bovina, otí, epô pupá, mel, um pano preto.

Passa-se tudo no corpo do cliente, sacrifica-se o galo para Exu, embrulha-se tudo no pano e despacha-se no lugar determinado pelo jogo.

Ebó 2

Um igbín, dois pombos, um preá, mel e efum ralado.

Cava-se um buraco no chão, sacrifica-se, dentro dele, os dois pombos e o preá, rega-se tudo com mel e cobre-se com o efum ralado. Unta-se a cabeça da pessoa doente com mel, puxa-se o igbín e envolve-se o ori com um pano branco. Em seguida coloca-se a carne do igbín dentro do buraco, sobre ela mais um pouco de mel e pó de efun, e tapa-se o buraco sepultando os animais sacrificados. Sobre o buraco, coloca-se o casco do igbín coberto de mel e pó de efun.

O cliente deve permanecer em repouso absoluto e guardar resguardo total por um período de 24 horas, findo o qual, deve tomar banho com ervas frias e usar roupas brancas por sete dias. O sacerdote deve fazer saraieiê em seu próprio corpo, tomar banho de ervas e guardar o mesmo resguardo do cliente.

Trata-se de um ebó muito perigoso, que exige o maior cuidado; é aconselhável dar comida a Exu antes do ebó para garantir seu sucesso.

Ebó 3

Uma cabaça, um peixe de água doce, uma faca nova e bem afiada.

Corta-se a cabaça em duas partes; o peixe é dividido, com auxílio da faca, em duas partes. A parte da cabeça é colocada dentro de uma das metades da cabaça e oferecida a Orunmilá; a parte do rabo, colocada na outra metade da cabaça, é oferecida a Nanã. Tudo deve ser muito bem temperado com mel, dendê e grãos de lelekum, e oferecido aos Orixás correspondentes na beira de um poço, sendo que a parte correspondente a Orunmilá fica a Leste e a parte de Nanã, no lado oposto do poço (Oeste). A faca utilizada no ebó é oferecida a Ogum e deve ficar no seu igbá, para ser utilizada em outros ebós.

Este ebó é indicado para pessoas que estejam com dificuldades de assimilação em qualquer tipo de aprendizado e também para mulheres que, por qualquer motivo, não conseguem engravidar.

Irosun Meji

Significados e interpretação

Irosun Meji é o 4º Odu no jogo de búzios e o 5º na ordem de chegada do sistema de Ifá, onde é conhecido pelo mesmo nome.

Responde com quatro búzios abertos.

Em Ifá, é conhecido entre os Fon (jeje), como "Loso Meji", "Losun" ou "Olosun Meji". Os nagôs o chamam também de Oji Orosun.

Irosun designa uma tintura vegetal vermelho-sangue, conhecida pelos fon por sokpepe e utilizada ritualística e medicinalmente, como cicatrizante.

Sua representação indicial em Ifá é:

```
 I   I
 I   I
I I  I I
I I  I I
```

Que corresponde, na geomancia europeia, à figura denominada "Fortuna Minor" (Pequena sorte). O nome da figura refere-se a alguma coisa de pouca importância, mas que satisfaz a quem a obtém.

Irosun Meji é um Odu composto pelos Elementos Fogo sobre Terra, com predominância do primeiro, o que indica escassez, parcimônia, insuficiência de recursos para que a meta seja atingida em toda a plenitude.

Corresponde ao ponto cardeal Lés-nordeste e seu valor numérico é 4.

Suas cores são o vermelho e o laranja. É um Odu masculino, representado esotericamente por uma espiral ou por dois círculos concêntricos, representação de um buraco ou cavidade.

Irosun Meji é muito forte e muito temido. Expressa a ideia de maldade, de miséria, de sangue. Segundo informações, Irosun Meji teria dado aos reis da terra o saber de Ogunda Meji para que fizessem derramar o sangue humano.

Foi este Odu quem criou as catacumbas e as sepulturas. Irosun Meji rege todos os buracos da Terra, sendo esta a sua mais importante atribuição.

Por ele foram criados os macacos "hlan", a planta "sokpepe", cuja cor faz lembrar o sangue, a menstruação feminina (inclusive dos animais), o pássaro "dregbawe" que, segundo dizem, teria inventado os jogos de azar ao jogar contra a morte e continuar vivo, o pássaro "gue" de plumagem vermelha, além de inumeráveis outras coisas (MAUPOIL, 1981).

A mentira descende de Oyeku Meji (mentiras que visam conservar a vida), de Ogunda Meji (mentira dos caçadores — engodos, armadilhas, arapucas), de Otura Meji (mãe da mentira, cujo pai é o roubo) e de Irosun Meji (que pretende ter domínio sobre o sangue, mas não possui faca para fazê-lo escorrer).

Irosun Meji comanda todos os metais vermelhos, como o cobre, o bronze, o ouro etc.

Prenuncia acidentes, miséria, fraudes, sofrimento, ambição e impetuosidade. Pequenas vitórias, aquisições de pouca importância e satisfação com pouca coisa são também prenúncios deste signo.

Os filhos deste Odu são predestinados a adquirirem conhecimentos dentro de Ifá para que não pereçam precocemente. Para que a morte não ocorra de forma precoce, faz-se um ebó composto de uma vara do tamanho da pessoa, à qual se sacrifica eiyelé meji, e se enterra no pátio ou quintal da residência junto com pombos, bastante efun, mel e dendê, tendo-se antes lavado a vara com omi eró de erva-pombinha e sempre-viva.

São pessoas orgulhosas, animadas, exaltadas, realizadoras, muito agressivas e que se deixam dominar pela cólera com muita facilidade.

Indica problemas relacionados ao ritmo cardíaco, inflamações e avermelhamento das vistas, paralisia do sistema motor, inflamações cerebrais e intestinais, problemas circulatórios em geral.

É um Odu de prenúncios medianos, que fala do bem e do mal com a mesma intensidade.

Saudações de Irosun Meji
Em Yoruba:
    Irosun Meji, Ojiroso apantaritá
    Begbé ojoroko
    To begbé lojokun.

Em fon:
    Mi kã Loso-Meji
    Ma do nu kun mia ni e o!

Tradução:
    Saudemos Irosun Meji
    Para que nossos olhos jamais se anuviem!

Irosun Meji em irê
Quando em irê, Irosun Meji pode indicar principalmente: vitória pelo esforço despendido, conformação, trabalho que surge, início de uma nova empresa, peregrinação religiosa, conquista de bens de pouco valor, mas que irão trazer satisfação, obtenção de recursos suficientes para satisfazer as necessidades, sorte no jogo.

Irosun Meji em osôbo
Em osôbo, este Odu pode indicar: ofensas, calúnias, perigo de acidente, derramamento de sangue, homem que deve ser evitado, mulher perigosa e faladeira, notícias ruins, doença em casa ou na família, miséria, recursos insuficientes.

Neste odu falam as seguintes divindades:
Voduns (jeje): Nã, Lisa, Hevioso, Dã, Yalode e Tovodun[2].

---

[2] O Vodum do Poço. Não deve ser confundido com os "Tohossus" espíritos de hierarquia inferior à dos Voduns que habitam os mananciais de água.

descrição dos odus   103

Orixás (nagô): Iansã, Oxóssi, Obaluaiê, Ossaim, Iemanjá e Egum.

Interdições de Irosun Meji
Irosun Meji proíbe aos seus filhos: o uso de roupas e objetos vermelhos, as frutas e cereais de casca vermelha, relacionamento sexual com filhos de Omolu ou de Xangô, envolvimento em brigas, discussões ou questões judiciais (das quais saem sempre como perdedores), carne de macaco, de antílope, de galo e de elefante. Não devem comunicar a ninguém seus planos, sob pena de não vê-los realizados. Não podem roer ou chupar ossos de animais, principalmente da cabeça, saltar sobre valas, buracos e fossas, caminhar por locais onde existam mangues e, se isto for inevitável, devem fazer limpeza de corpo com ovos e velas.

Sentenças de Irosun Meji
1 — NINGUÉM CONHECE TUDO O QUE EXISTE NO FUNDO DO MAR.
   O cliente deve controlar sua curiosidade, pois o fato de conhecer determinados segredos pode colocar sua vida em perigo.
2 — TODOS OS PÁSSAROS COMPRARAM ROUPAS BRANCAS, MAS GE, POR VAIDADE, COMPROU UMA SEDA VERMELHA COMO SANGUE E, DENTRO DA FLORESTA, FICOU PARECENDO UMA CHISPA DE FOGO. QUANDO OS CAÇADORES O VIAM DE LONGE NÃO HESITAVAM EM ABATÊ-LO, ATRAÍDOS POR SUA BELEZA.
   O consulente deve conservar a modéstia para não atrair atenção sobre sua pessoa.
3 — ENQUANTO EXISTIR HON, A ÁGUIA, O PÁSSARO VERMELHO GE NÃO PODERÁ INTITULAR-SE REI!
   O consulente herdará os bens e a autoridade de seu pai, devendo para isso, oferecer os sacrifícios determinados.

Mensagens de Irosun Meji

Sentença: Ninguém conhece os segredos guardados pelo oceano.

Assinala que você vê fantasmas e tem que mandar celebrar missa para os parentes e amigos mortos.

Tem que oferecer um presente a Iemanjá na praia, entregar no mar.

Sofrerá ou já sofreu um susto que abalou o seu coração.

Suas vistas são frágeis, é preciso cuidá-las bem.

Carrega uma tristeza interior que, muitas vezes, lhe dá vontade de chorar.

Cuidado quando forem assentar um Exu para você, confirme se este Exu tem a ver com o seu carrego.

Não pode fazer nada para Orixá sem primeiro agradar Egum.

Não revele seus planos, existe muito olho grande que corta suas pretensões.

Você anda cego diante dos acontecimentos. Atente mais para os assuntos relacionados à sua vida e deixe de lado o que não lhe diz respeito.

Evite passar sobre valas e buracos.

Você tem muitos inimigos e, entre eles, existe um da raça negra que é muito perigoso.

Alguém de sua família está ou será preso. Só você poderá livrá-lo da prisão.

Você pode ser vitimado por um acidente com fogo.

Existe uma pessoa em sua casa que só vive criando confusão. Esta pessoa precisa fazer santo para que possa se acalmar.

Cuide de Exu, Iemanjá e Euá.

Você costuma confiar demais nos outros, até mesmo naqueles que agem com falsidade.

Tem sido enganado e não consegue descobrir o engano.

A sua curiosidade em demasia, lhe coloca em osôbo, o que pode lhe ocasionar dano numa das vistas.

Uma desgraça ocorrida em sua vida, mesmo que tenha sido há muito tempo, ainda lhe faz chorar.

Uma pessoa de cargo dentro da religião irá submetê-lo a uma prova.

Existe alguém que tenta fechar os seus caminhos para que não haja progresso na sua vida. Tudo isto porque você falou coisas que prejudicaram esta pessoa.

Uma mulher de Xangô, de suas relações, talvez parente sua, tem a língua solta e é muito mentirosa. Evite que tenha conhecimento de sua vida e de seus planos.

Você tem que dar comida à Terra e fazer preces para os desamparados.

Existe uma pessoa em sua família, muito delicada, que está doente e precisa cuidar melhor desta enfermidade, caso contrário, morrerá muito em breve.

Sua vida está atrasada.

Você, mesmo que não saiba, tem direito a uma herança.

Para botar as mãos nesta herança, tem que tomar borí e cuidar de Orixá.

Tem que fazer, periodicamente, limpeza espiritual em sua casa.

Ebós em Irosun Meji

Ebó 1

Quatro pintos de galinha, um flecha, um bastão de madeira, quatro tipos diferentes de cereais torrados.

Passa-se tudo no corpo do cliente e coloca-se o bastão e a flecha nos pés de Exu e os cereais dentro de um alguidar. Sacrificam-se os pintos para Exu e coloca-se os corpos dentro do alguidar, por cima dos cereais. Despacha-se em água corrente. A flecha e o bastão ficam para sempre com Exu.

Ebó 2

Duas cabras, dois panos brancos, dois panos pretos, efun, epô pupá, mel, osun, efun, uma pena de ekodidé.

As cabras são sacrificadas a Elegbara. Uma é coberta com pó de osun, mel, dendê e um pouco de ataré; é embrulhada, primeiro no pano branco, depois no pano preto, tendo-se antes colocado a pena de ekodidé entre os chifres e finalmente, é despachada na beira de um rio ou lagoa.

A segunda cabra tem o ori recoberto com efun, devendo permanecer algumas horas nos pés de Elegbara. Sua carne é limpa e comida pelas pessoas da casa do consulente, ou distribuída entre seus amigos. O ori deve ser enterrado perto de um formigueiro, sendo retirado depois de nove dias e colocado, para sempre, na casa de Elegbara.

Este ebó é recomendado para qualquer pessoa que esteja envolvida numa disputa de ordem sentimental, servindo tanto para homem quanto para mulher.

Ebó 3

Akukó meji, um igbín, uma moringa com água, vários tipos de bebidas, dendê, mel, obi batá meji.

Sacrificam-se os bichos a Exu, normalmente, com todos os demais ingredientes do ebó. Os dois obis são oferecidos ao Orixá que se encarregar da solução, conforme indicado pelo jogo. O sacrifício deve ser oferecido aos pés de um grande arvoredo, de preferência um arabá. Os obís oferecidos ao Orixá devem permanecer, durante todo o tempo, nas mãos do cliente, que,

descrição dos odus 107

terminado o sacrifício a Exu, fará seus pedidos, em voz alta, de frente para a árvore.

Este ebó é indicado para pessoas que estejam com problemas de saúde ou de ordem financeira.

Ebó 4

Uma galinha d'angola, um igbín, quatro penas ekodidé, mel, dendê, efum e ataré.

Sacrifica-se a galinhola para Exu, de acordo com o rito normal, cobre-se com mel, dendê, otí e grãos de ataré. Puxa-se o igbín, deixando sua água escorrer sobre o ebó, cobre-se com bastante pó de efum e despacha-se num lugar alto, enfeitando com as quatro penas vermelhas.

Este sacrifício deve ser feito em noite de lua nova ou em qualquer lua, desde que o céu esteja encoberto de nuvens. É recomendado para pessoas envolvidas em disputas com adversários poderosos, contando com poucas chances de sair vitoriosa.

Ebó 5

Dois galos, dois pombos, quatorze acaçás, um inhame.

Sacrifica-se um galo para Exu, com tudo o que lhe cabe por direito, acrescentando sete acaçás. Isto feito, sacrifica-se o outro galo e os pombos para Ogum, deixando-se o ejé correr sobre a ferramenta e um pouco sobre o mingau de inhame pilado que já deve estar num alguidar à parte. Arruma-se o galo da maneira usual, sobre o mingau, e enfeita-se com sete acaçás. Deve-se indagar onde será despachado. Todos os ingredientes são passados no corpo do cliente.

Oxe Meji

Significados e interpretação

Oxe Meji é o 5º Odu no jogo de búzios e o 15º na ordem de chegada do sistema de Ifá onde é conhecido pelo mesmo nome.

Responde com cinco búzios abertos.

Em Ifá é conhecido entre os Fon como "Xé Meji". Os nagô o chamam Oxe Meji e também de Oji Oxe, para melhor eufonia.

A palavra evoca, em iorubá, a ideia de partir, quebrar, separar.

Este Odu teria cometido incesto (ló) com sua mãe, Ofum Meji, e foi por isto, separado dos outros signos.

Sua representação indicial em Ifá é:

descrição dos odus 109

```
 I     I
I I   I I
 I     I
I I   I I
```

Que corresponde, na geomancia europeia à figura denominada "Amitio" (Perda, desperdício).

Oxe Meji é um Odu composto pelos Elementos Ar sobre Ar, o que representa uma dispersão súbita, a impotência diante de um obstáculo e o surgimento de novos obstáculos.

Corresponde ao ponto cardeal Noroeste e seu valor numérico é 6.

Suas cores são irisadas, matizadas, insípidas. Não tem preferência por nenhuma cor específica, mas exige que lhe sejam apresentadas sempre, três cores diferentes e reunidas, não importando quais sejam elas.

É um Odu masculino, representado esotericamente por uma lua crescente com as pontas viradas para baixo.

O signo tem, realmente, o poder de dobrar o objeto que deseja partir em dois. Oxe Meji comanda tudo o que é quebradiço, quebrado, mal cheiroso, decomposto, putrefato. Todas as articulações e juntas provêm deste Odu e ele representa numerosas doenças, como os abscessos.

Este Odu é a própria representação de Sakpata, a varíola, e está intimamente ligado às Ajés, sendo considerado, por isto, um Odu muitíssimo perigoso.

Oxe Meji ensinou aos homens o hábito de grelhar os alimentos. Criou as árvores, as presas dos elefantes e a galinha-d'angola.

Apesar de ser um signo de péssimos augúrios, é por vezes portador de riqueza e vida longa.

Seu nome não deve ser pronunciado, jamais, em conjunto com o de Irete Meji, dado à grande carga de negatividade de que ambos são portadores e que se acentua quando se configuram reunidos.

Prenuncia a diminuição das energias físicas, o que predispõe o organismo, enfraquecido e sem defesas, a qualquer tipo de doença, principalmente aquelas que se situam na cavidade abdominal.

Fala muito de perdas de todos os tipos e em todos os setores da vida. Por meio deste Odu, Oxum costuma comunicar-se para avisar que o consulente é seu filho.

Ao contrário do que muitos afirmam, as pessoas que possuem este Odu não têm cargo para cuidar dos Orixás de outras pessoas, devendo restringir-se a cuidarem somente de seus Orixás.

Os filhos deste Odu são pessoas de comportamento instável variando segundo a situação que se configure no momento. Costumam ser pródigos e dispersivos, o que os leva a envolver-se, constantemente, em problemas relacionados a dinheiro.

São engenhosos e possuem iniciativa própria, adaptando-se com muita facilidade às mais diversas situações. Diplomatas e hábeis, estão sempre prontos a colaborar com o próximo, mostrando, neste aspecto, total desinteresse.

É um Odu de prenúncios quase sempre negativos, anunciando maus tempos e dissolução.

Saudações de Oxe Meji
Em nagô:
    muluku olotoba ogbo
      Asé muluku, muluku dafun.
      Undere ebo, iba ogbo,
      iba omó, iba Iyalode odidé.

descrição dos odus 111

Em fon:
kan Sé Meji, Ku kplakpla,
Azõ akplakpla, Emi gbe bi!

Tradução:
demos Oxe Meji, para que nos defenda da morte súbita e de qualquer tipo de doença repentina!

Meji em irê
Quando em irê, Oxe Meji pode indicar principalmente: recuperação de coisas perdidas, enriquecimento súbito, cura de uma doença, capacidade, engenhosidade, intuição que deve ser seguida, boa inspiração.

Oxe Meji em osôbo
Em osôbo, este Odu pode indicar: perdas de todos os tipos, desperdício, evasão de energias físicas, falsidade, cirurgias e doenças (principalmente na barriga), morte ocasionada por doenças, traição e pranto.

Neste odu falam as seguintes divindades:
Voduns (jeje): Sakpata, Lisa, Yalode, Gu e Hevioso.
Orixás (nagô): Oxum, Obatalá, Omolu, Logunedé, Iemanjá, Xangô e as Ajés.

Interdições de Oxe Meji
Oxe Meji proíbe aos seus filhos: transportar feixes de lenha sobre a cabeça, tocar em madeira apodrecida, usar roupas confeccionadas com tecidos de três cores ou mais, comer farinha de acaçá torrada, inhame assado, galinha-d'angola, perdizes, galo, obi de mais de dois gomos (só é permitido o obi de dois gomos

ou banjá, que por sua dureza não pode ser aberto com as mãos[3]). Também devem ser observadas todas as interdições alimentares de Sakpata.

Sentenças de Oxe Meji

1 — O CRÂNIO VELHO DE UM HOMEM DIZ AO CRÂNIO JOVEM DE UM HOMEM: "EU JÁ ESTOU COMPLETAMENTE SECO, SE ALGUÉM ME GOLPEAR NÃO CORRERÁ NENHUM SANGUE. MAS TU, SE TE RACHAREM, CORRERÁ ALGUM SANGUE".

O consulente deve oferecer um sacrifício para livrar-se de um acidente que o ameaça.

2 — OXE! TUDO O QUE FIZ, OS CÂNTICOS QUE CANTEI, OS SACRIFÍCIOS QUE OFERECI, NÃO BASTARAM. SE TU ME VÊS, TU VÊS A MORTE.

O consulente encontrou o dispensador do mal e da morte. Deve fazer sem demora, os sacrifício determinados pelo signo.

3 — AZÃGADÁ GRELHOU O INHAME PARA O VISITANTE E O CONVIDOU PARA COMER. AVITI CHEGOU!

Azãgadá e Aviti são nomes ou títulos da morte. Era costume oferecer-se inhame assado aos condenados à morte. O sentido interpretativo é o mesmo da sentença anterior.

Mensagens de Oxe Meji

SENTENÇA: É SANGUE O QUE CORRE EM NOSSAS VEIAS.

---

[3] O obi de dois gomos, na África, não é utilizado ritualisticamente, servindo apenas como alimento ou mesmo como remédio. O obi utilizado nos rituais deve possuir mais de dois gomos, o que o torna mais macio e fácil de ser "aberto" com as mãos. Acredita-se que o obi, cortado com faca ou com qualquer outro objeto, perde a sua força mágica (axé), o que o torna imprestável para o rito.

Este signo diz que você já teve várias chances na vida, mas que as deixou escapar por não saber aproveitá-las.
Sente vontade de chorar e não sabe por quê.
Cedo ou tarde, terá que fazer santo.
Você tem a impressão de que as pessoas o tratam com desprezo e, muitas vezes, em diferentes lugares, sentiu-se humilhado. Tudo isto, no entanto, é fruto de sua imaginação.
Não guarde rancor de ninguém para não cometer injustiças.
Assinala uma viagem em seus caminhos. Para que tudo corra bem, dê um presente à uma entidade espiritual que o protege.
Um familiar seu, já falecido, pede uma missa. Mande rezá-la urgentemente.
Existem três mudanças de vida em seu destino. Na terceira mudança, ofereça uma festa em louvor a Oxum.
Iemanjá lhe deu proteção e livrou-o de uma situação muito ruim. Ofereça-lhe um adimú como prova de gratidão.
Existe uma tragédia ou uma inimizade envolvendo uma pessoa negra. Tenha muito cuidado com este prognóstico.
Você sente dores nas pernas e no estômago. Procure um médico, pois é problema clínico.
Não deixe dívidas pendentes com Oxum, pois ela lhe cobrará afetando o seu desempenho sexual.
Para obter irê ajé, mande que alguém, de sua confiança, lave sua cabeça com ervas. A pessoa que o fizer, terá que lavar, antes, a própria cabeça com as mesmas ervas.
Existe alguém trabalhando para sua queda. Defenda-se enterrando um cravo de linha de trem na porta de casa.
Um segredo seu poderá ser descoberto e vir a público. Tenha cuidado!
Prenuncia perigo de ser roubado ou a descoberta de um roubo do qual já foi vítima.

Anuncia um presente que está a caminho.

Tente a sorte nas loterias e não precisará mais pedir um empréstimo que estava planejando.

Se sentir dores, não tome remédios sem indicação médica.

Uma amiga ou parenta sua está grávida e pensa em fazer aborto. Converse com ela para que não faça isto. Se conseguir evitar o aborto, Oxum saberá recompensá-lo.

Você está passando por um momento muito difícil. Lute com denodo e não permita que as coisas fujam do seu controle.

Limpe sua casa, faça uma nova arrumação na disposição dos móveis e jogue fora tudo o que for velho, estragado e inútil.

Você tem inimigos gratuitos que o detestam só por inveja.

Se for cliente do sexo feminino, afirma que já pertenceu a mais de um homem.

Ebós em Oxe Meji

Ebó 1

Um peixe vermelho, cinco búzios, cinco ovos, cinco obís, cinco folhas de akokô, uma cabaça e areia de rio.

Corta-se a cabaça no sentido horizontal e coloca-se areia de rio dentro. Passa-se o peixe na pessoa e arruma-se dentro da cabaça, sobre a areia. Passam-se os demais ingredientes e vai-se arrumando em volta do peixe, dentro da cabaça. Os ovos são crus e não podem ser quebrados. Tampa-se a cabaça com sua parte superior e embrulha-se com um pano colorido. Pendura--se o embrulho no galho de uma árvore na beira de um rio.

Ebó 2

Um preá, um peixe assado, ebô, dezesseis acaçás, dezesseis bolos de arroz.

descrição dos odus 115

Sacrifica-se o preá a Exu, arruma-se o peixe e os dezesseis acaçás num alguidar à parte e despacha-se numa encruzilhada de rua.

Este ebó é indicado para pessoas envolvidas em disputas ou problemas de dinheiro de origem ilegal.

Ebó 3

Dezesseis pedras-de-fogo pequenas, dezesseis vinténs, dois galos, dois pombos, dendê, mel, osum e aguardente.

Sacrifica-se um galo a Exu no igbá, com ritual normal. O outro galo é oferecido a Xangô e colocado num alguidar com as pedras e as moedas. O ejé corre também sobre os chifres que, depois de despachado o ebó, devem permanecer aos pés de Xangô. Os pombos têm seus bicos, pés e pontas das asas tingidos com osum e em seguida são liberados. Todo o sacrifício, tanto o destinado a Exu quanto o destinado a Xangô, é recoberto com muito pó de osun.

Ebó 4

Para limpeza de casa: água de cachoeira, mel de abelhas e clara de cinco ovos.

Mistura-se tudo e passa-se, durante cinco dias, um pano molhado com a mistura por toda a casa.

Ebó 5

Para agradar Oxum e obter seu perdão: uma galinha, um peixe fresco, cinco cabacinhas, cinco idés pequenos dourados, cinco moedas e uma pena de ekodidé.

Numa travessa de louça, arruma-se o peixe limpo e assado com as cabacinhas, as moedas e os idés em volta. O peixe deve ficar com o dorso para cima. Sacrifica-se a galinha, deixando o sangue correr em cima da travessa com o peixe e os demais ingredientes; enfeita-se com as penas da galinha de forma que fique tudo bem coberto. O ekodidé é colocado de pé, na cabeça do peixe. A galinha tem que ser consumida pelas pessoas da casa, e seus pés, asas, cabeça e rabo são arrumados num alguidar, regados com dendê, mel e otí, e despachados imediatamente, numa encruzilhada de rua.

O peixe é arriado aos pés de Oxum e permanece diante do igbá de um dia para o outro, depois do que, é levado para um rio ou uma cachoeira. Durante o sacrifício da galinha, não se canta nada nem se reza nenhum oriki. Os pedidos são feitos somente na hora de arriar a travessa diante de Oxum (MARTINS, 2002).

Obara Meji

Significados e interpretação

Obara Meji é o 6° Odu no jogo de búzios e o 7° na ordem de chegada do sistema de Ifá, onde é conhecido pelo mesmo nome. Responde com seis búzios abertos. Em Ifá, é conhecido entre os Fon como "Abla Meji". O nagô o chama também de Obala Meji. Para o termo encontramos duas etimologias. Certa cucurbitácea existente nas regiões Oeste e Centro-Oeste da África produz uma fruta grande, cujas sementes são comestíveis e muito apreciadas pelos nativos. Estas frutas, denominadas "bara", não podem no entanto, ser cortadas ao meio para retirada das sementes, devendo para isto, ser arrebentadas com golpes de pau ou pedra. A proibição de se cortar a fruta (bara) em duas partes (meji), objetiva evitar a coincidência de nome com o sétimo signo de Ifá (MAUPOIL, 1981).

Em iorubá o termo significa "dois reis" e este signo é considerado como o rei dos ventos, tendo recebido do Criador muitas atribuições, dentre as quais a de representar os próprios reis, principalmente o rei dos haussás.

Sua representação indicial em Ifá é:

```
 I      I
I I    I I
I I    I I
I I    I I
```

Que corresponde na geomancia europeia, à figura denominada "Laetitia" (Alegria).

Obara Meji é um Odu composto pelos Elementos Ar sobre Terra, com predominância do primeiro, o que indica a evolução através da experiência adquirida na busca do objetivo pretendido.

Corresponde ao ponto cardeal Sul-sudeste e seu valor numérico é 8.

Suas cores são o azul-claro e o violeta. É um Odu masculino, representado esotericamente por uma corda, em referência ao poder que possui de tudo levantar. Exprime a força, o poder e a possibilidade de realização humana.

Obara Meji criou o ar, os ventos, os bosques cheios de ramagens, as forquilhas e todo tipo de bifurcações.

Aqui nasceram as grandes fortunas, o costume de usar joias, os mestres e o ensino. Nasceu o adultério e aqui o ser humano aprendeu a mentir e a ser enganoso.

Prenuncia expansão física e moral, regularização, alegria, ambição, questões relacionadas a dinheiro, processos em andamento, solução de problemas de ordem financeira.

Os filhos deste Odu são pessoas alegres e festivas, carregadas de religiosidade e que gostam de observar e manter tradições. Um tanto quanto atraídas pela mentira, criam situações fantasiosas, nas quais acabam acreditando, como se fossem a mais pura verdade. Gostam de se envolver em problemas que não lhes dizem respeito, o que quase sempre acaba por deixá-los em situações delicadas. Devem cuidar-se muito bem, pois têm uma tendência muito forte para as ações fantasiosas, o que as pode deixar completamente loucas. Bem dispostas e alegres, são geralmente pessoas saudáveis e que se recuperam com facilidade de qualquer doença, usando, para isto, recursos buscados em si mesmas.

É um Odu de prenúncios quase sempre positivos, muito embora seu aspecto negativo seja terrível e traga fatalidades como loucura, miséria total, traição e calúnia.

Saudações de Obara Meji

Em nagô:
> Aka emon a l'owó dudu gbe toko
> Bori sia-sia botoko bo bi ko ri
> Unkã je n'wen abaje:
> A difá fun Liokpo mu ti o lo oko
> Ajamo de tan, oloun kpo liokpo munje.

Tradução:
> Quando não está comendo, sente-se infeliz.
> Ifá ordenou que Liokpo defendesse a fazenda.
> O cão pode caçar muito bem, ele caça muitas coisas,
> Até aquelas que Liokpo não pode envenenar.

Em fon:
> Mi kan Obara Meji
> Afafa we nõ kõ dehawã!

Tradução:
> Saudemos Obara Meji,
> Ele é o abano que faz
> Secar o nosso suor!

(Da mesma forma que um abano refresca um corpo suado e cheio de calor, Obara Meji tem o poder de trazer alívio para os problemas que nos estejam afligindo.)

Obara Meji em irê

Quando em irê, Obara Meji pode indicar principalmente: aquisição de bens materiais de um modo geral, fim de um obstáculo que deve ser o último, expansão física e moral, ausência de enfermidades, evolução no sentido ascendente.

Obara Meji em osôbo

Em osôbo, este Odu pode indicar: deslealdade, imoralidade, orgulho nocivo, injustiças, libertinagem, adultério, maldade, filho adulterino, guerra em família de santo.

Quando em osôbo arun, pode estar indicando uma das seguintes doenças: infecções do sangue, problemas circulatórios, atrofias musculares, apoplexia, desnutrição, problemas respiratórios, mania de grandeza levando à loucura.

Neste odu falam as seguintes divindades:
Voduns (jeje): Dã, Lisa, Hoho e Tovodun.
Orixás (nagô): Xangô, Iansã, Iemanjá, Obá, Euá e Iporí.

Interdições de Obara Meji
Obara Meji proíbe aos seus filhos: comer peixe defumado, bolos de acaçá que tenham sido enrolados em folhas de bananeiras, farinha de milho, carne de tartaruga, de cobra, de crocodilo, de antílope, de macaco, de galo, de elefante e de hiena. São proibidos também de ajudar outras pessoas a levantar qualquer coisa do chão para colocar sobre os ombros ou a cabeça, e de relatar fatos que tenham assistido e que não lhes digam respeito.

Sentenças de Obara Meji
1 — O PORCO-ESPINHO ESPETOU A FÊMEA DO LEOPARDO E O LEOPARDO NÃO PODE FAZER NADA CONTRA ELE.

Se o consulente sofreu algum dano causado por alguém mais poderoso que ele, é melhor deixar como está, pois qualquer atitude que venha a tomar, só agravará a situação de forma desfavorável para ele.

2 — SEM A LAMA ESTAR MISTURADA À ÁGUA DO RIO, O PEIXE ZOKEN, QUE TEM OS OLHOS CLAROS, VERÁ O QUE SE PASSA NO FUNDO.

O consulente descobrirá coisas que se passam em sua casa e que lhe são ocultas.

3 — A MULHER QUE COME DE DUAS MÃOS, ACABARÁ ENCONTRANDO A MORTE!

Este Odu fala muito de adultério. O africano costuma dizer: "ela come de duas mãos" quando se refere a uma mulher adúltera. Se a mulher do consulente estiver enganando-o, morrerá praticando adultério.

Mensagens de Obara Meji
SENTENÇA: REI MORTO, PRÍNCIPE COROADO.

Você não confia em ninguém, acha que todo o mundo o está enganando.

Passa por dificuldades porque não tem fé, não confia nos santos, nem em você mesmo.

Cobiça o que é dos outros, inclusive as mulheres ou os homens alheios.

Só pensa em dinheiro e é muito manhoso.

Quando fica sem dinheiro sente-se de tal forma desamparado, que chega a perder o interesse pela vida.

Uma viagem em seu caminho. Isto será muito bom e trará excelentes resultados.

Você vive chorando miséria e gosta muito de mentir.

Alguém de sua família sente dores na virilha e quenturas dentro do corpo.

Você não dorme bem e, quando acorda, não consegue lembrar-se do que sonhou, embora saiba que sonhou.

Tem medo da justiça.

Uma hora diz uma coisa, outra hora diz outra completamente diferente.

Não gosta que lhe digam a verdade e, quando isto acontece, quer brigar.

Corre o risco permanente de sofrer queimaduras.

Se pretender enganar alguém, tenha cuidado para não ser enganado primeiro.

Não deve usar roupas de outras pessoas, nem beber em copos em que alguém já esteja bebendo.

Não gosta de cumprir compromissos nem honrar a palavra empenhada.

Sofrerá um grande transtorno ocasionado por uma cilada que alguém lhe preparou ou está preparando.

Existe uma ameaça pairando sobre você. Não permita que saibam aonde vai.

Está atravessando uma fase muito ruim, sufocado pelas dívidas.

Possui bom coração, mas reage de forma negativa, falando demais e sustentando discussões inúteis, onde diz coisas das quais acaba se arrependendo.

Costuma dizer o que sente, com demasiada franqueza, e, por isto, possui muitos inimigos que tentam, de todas as formas, destruí-lo.

Não empreste suas roupas, muito menos chapéus.

Cuidado com o que lhe derem para comer, existe uma pessoa de suas relações que guarda uma grande mágoa e tentará vingar-se através de um alimento trabalhado.

Tem sorte no amor, mas não deve confiar numa proposta de negócio que lhe fizeram.

Tenha cuidado com um amigo de duas caras.

Não espere agradecimentos por favores que tenha prestado a alguém.

Se tiver um negócio em mente, não o adie mais, faça-o logo!

Não assine nenhum papel sem antes ler, com muito cuidado, tudo o que estiver escrito, e certifique-se de que não existam pedaços em branco, onde possa ser acrescentada alguma coisa depois do papel assinado.

Não negue comida a ninguém.

Evite fumar deitado, há risco de acidentes.

Você possui um caráter alegre, é divertido, e por isto as pessoas gostam de sua companhia. Isto, no entanto, causa inveja em muita gente.

Muito olho-grande em cima de você, além de inimigos empenhados em destruí-lo.

Os inimigos agem pelas costas e atacam de forma traiçoeira, porque têm medo de encará-lo de frente.

Seus maiores inimigos são do sexo feminino.

Evite andar armado, um momento de descontrole poderá arruinar a sua vida.

Nunca revele, a ninguém, a verdade sobre sua vida.

Ebós em Obara Meji

EBÓ 1

Um galo, uma galinha, seis abaninhos de palha, seis obís, seis acaçás, um pedaço de corda do tamanho da pessoa, um alguidar grande, mel, otí, epo, seis velas.

Passa-se tudo na pessoa e sacrifica-se as aves para Exu. Colocam-se os bichos mortos dentro do alguidar (o galo por cima da galinha), arruma-se as demais coisas em volta e a corda ao redor de tudo (dentro do alguidar). Cobre-se com mel, epo e otí e acende-se as velas em volta.

Este ebó tem que ser feito e arriado nos pés de uma palmeira.

Ebó 2

Modela-se um voko (imagem, estatueta) de argila semelhante ao homem. O voko é colocado dentro de uma caixa junto com cabelos e aparas de unhas da mulher. Embrulha-se tudo, em panos coloridos e entrega-se a Loko (vodum jeje que corresponde ao orixá Iroco dos nagôs).

A Elegbara sacrifica-se um galo, que é entregue com muitos acaçás e epo pupá.

Este ebó é para evitar traição e aborrecimento por parte de mulheres que têm tendência à pratica do adultério.

Ebó 3

Uma forquilha de qualquer madeira, um ekú, um peixe assado, mel, dendê, otí, farinha de mandioca.

Prepara-se um padê de mel e dendê, e arruma-se num alguidar com o peixe assado por cima. O ekú é sacrificado no igbá de Exu e, depois de limpo, é ligeiramente tostado num braseiro. Despacha-se tudo numa bifurcação de rua ou estrada.

Este ebó é para defender o cliente de traições e falsidades que estejam perturbando o andamento de sua vida.

Ebó 4

Uma corda, muitos ramos de diferentes árvores, moedas, um peixe fresco e uma bandeirinha de tecido azul-claro.

Passa-se tudo no corpo do cliente, arruma-se num alguidar e coloca-se a bandeira hasteada por cima. Despacha-se em mata fechada.

Ebó 5

Uma cabra, duas galinhas, dezesseis cabaças médias, moedas em quantidade, 16 obís, 16 orogbos, mel, dendê, velas.

Sacrificam-se a cabra e as galinhas a Elegbara, abrem-se as cabaças e coloca-se, dentro de cada uma, um punhado de moedas, um obi, um orogbo e rega-se tudo com muito mel e dendê. Despacha-se numa estrada.

Este trabalho é indicado para pessoas que almejem conquistar alguma coisa importante, que esteja relacionada a dinheiro, como promoções, nomeações, empregos, associações, aumentos, casamentos por interesse etc.

Ebó 6

Para osôbo Arun: um pedaço de corda do tamanho da pessoa, um ekú, um peixe assado, moedas correntes, e uma juriti.

Arruma-se o ejá num alguidar ou travessa de barro, com a corda ao redor, espalham-se as moedas por cima, sacrifica-se o ekú a Elegbara, em seu igbá, passa-se a juriti na pessoa e se solta com vida.

Ebó 7

Velas, abanos de palha, forquilhas de madeira, quiabos, bolos de inhame, bolos de arroz, acaçás (tudo em número de seis).

Passa-se tudo no cliente e vai-se arrumando dentro do alguidar. Quando tudo estiver arrumado, "puxa-se" um pombo em cima, deixando que o ejé escorra sobre o ebó; arruma-se o pombo em cima de tudo e rega-se com mel, dendê e otí.

Leva-se tudo para um lugar bem alto e prossegue-se o trabalho da seguinte forma: arria-se o ebó na sombra de uma árvore frondosa, passa-se um segundo pombo no corpo do cliente e se solta o bicho com vida.

Odi Meji

Significados e interpretação

Odi Meji é o 7º Odu no jogo de búzios e o 4º na ordem de chegada do sistema de Ifá, onde é conhecido pelo mesmo nome.

Responde com sete búzios abertos.

Em Ifá, é conhecido, entre os Fon, como "Di Meji".

A palavra iorubá é "edi" ou "idi", que significa "nádegas". Odi Meji significa portanto, "duas nádegas".

Sua representação indicial em Ifá é:

descrição dos odus 127

Que corresponde, na geomancia europeia, à figura denominada "Carcer" (Prisão).

Odi Meji é um Odu composto pelos Elementos Ar sobre Água, com predominância do primeiro, o que indica a renovação dos obstáculos. Representa uma porta fechada, um círculo mágico, um tabu, limitação, obstrução, aprisionamento.

Corresponde ao ponto cardeal Norte e seu valor numérico é 7. Suas cores são o negro ou a mistura de quaisquer outras cores. É um Odu feminino, representado esotericamente por um círculo dividido ao meio por uma linha vertical, significando duas nádegas ou ainda, os órgãos sexuais femininos, que pertencem e são originários de Osa Meji. Odi Meji fala das mulheres em geral.

A palavra nádega, no caso, não passa de um eufemismo que pretende somente designar a fealdade e as impurezas do órgão sexual feminino.

Odi Meji representa a mulher (em fon *ñõnu*), palavra cuja etimologia costuma ser explicada por sua tradução literal: ñõ-nu = coisa boa / a mulher = coisa boa (MAUPOIL, 1981).

Dizem ser este signo que incita o ser humano ao ato sexual.

Odi Meji possui uma estreita correspondência com as Ajés, uma vez que, a impureza das mulheres proporciona-lhes uma tendência natural à prática da feitiçaria.

Sob este signo, apareceram na Terra as mulheres, os rios cujas margens têm a aparência de lábios, as nádegas e o costume de sentarmos sobre elas. Este signo ensinou aos homens o uso de deitarem-se indiferentemente virados para a direita ou para a esquerda.

Ocupa-se dos partos efetuados com a parturiente de cócoras e preside, ainda, ao nascimento de gêmeos e de todas as espécies de macacos considerados gêmeos[4].

As pessoas nascidas sob este signo são perseverantes, duras e inflexíveis. A busca constante de auxílio para seus problemas em nada muda a atitude das pessoas em relação a elas.

Não creem em nada nem em ninguém, mas podem facilmente ser levadas por superstições tolas que nem sempre são aceitas pelos demais.

Dotados de muita inteligência e excelente memória, assimilam com facilidade tudo o que se proponham a aprender, negando-se, entretanto, a transmitir seus conhecimentos, preferindo antes, usá-los como instrumento de manipulação de tantos quantos deles dependerem.

No amor são desconfiados e ciumentos, mas muito zelosos do objeto de seus sentimentos.

Adoram viver isolados e suas ações contribuem efetivamente para que isto ocorra, independente de sua vontade.

Odi Meji indica aprisionamento, possessão demoníaca, prejuízos de toda ordem, roubo, sequelas advindas de acidentes ou de enfermidades, sendo, portanto, portador de mensagens quase sempre ruins. Responde *não* e representa caminhos fechados. Por vezes anuncia estado de gravidez, e seu surgimento em questões sobre se uma mulher está grávida ou não, representa resposta afirmativa.

---

[4] Odi Meji e Okanran Meji são Odus estreitamente ligados aos gêmeos. Se Okanran Meji preside à sua geração, Odi Meji cuida do seu nascimento.

Saudações de Odi Meji

Em fon:
> Mikã di-Meji
> Mi hwe kpako do mi o!

Tradução:
> Saúdo Odi Meji
> Para que as enfermidades
> Não nos possam molestar!

Em nagô:
> Kpanli kpanlinkpa o joko bili kale
> Baba Ikú yeke ofin'lon gbã di non
> Ode keeku, le egbe ni odon
> Ki a to gbo Olodumare
> Ota onigbo ku mi.

(Tradução desconhecida)

Odi Meji em irê

Quando em irê, é necessário apurar o tipo, pois pode ser qualquer um. Deve-se perguntar imediatamente se é irê aikú (não ver a morte) ou irê omó (um bem vindo por meio de um filho), levando-se em consideração que este Odu fala muito em gravidez.

Odi Meji em osôbo

Em osôbo, este Odu pode indicar: prisão, condenação, roubo, prejuízo, sequelas advindas de acidentes ou moléstias, abandono, traição, perfídia, possessão de maus espíritos, mulher de maus hábitos e vida sexual desregrada, homossexualismo (só masculino), caminhos fechados, imobilidade ou dificuldade de ação.

Em osôbo Arun indica, quase sempre, um dos tipos de doenças que se seguem: bexiga, bacia, necroses, dermatoses, câncer, lepra, hipocondria, melancolia, neurastenia, doenças dos ossos.

Neste odu falam as seguintes divindades:
Voduns (jeje): Hoho, Gbaadu e Hevioso.

Orixás (nagô): Omolu, Iemanjá, Exu, Obatalá, Ogum, Egum e Ajé (neste Odu podem falar todos os Orixás, mas os aqui relacionados são os que mais comumente se comunicam através dele).

Interdições de Odi Meji
Odi Meji proíbe aos seus filhos: consumir carne de lebre ou de coelho, purê de batata-doce, feijão-fradinho ou qualquer tipo de alimento em que esteja incluído como ingrediente, grão de angola ou suas folhas. Não podem dormir de barriga para cima (posição em que os mortos são colocados em seus ataúdes), matar moscas com as mãos, possuir coleções de objetos em número de sete, participar de reuniões, almoços, festas etc., em que se encontrem sete pessoas (o número sete atrai as energias negativas deste Odu).

Sentenças de Odi Meji
1 — A MORTE NÃO PODE TE ALCANÇAR, A DOENÇA NÃO PODE TE ALCANÇAR, OS PROCESSOS JUDICIAIS NÃO PODEM TE ALCANÇAR, NINGUÉM PENETRA NUM BOSQUE DE ESPINHOS, ENVOLTO SOMENTE NUM PEDAÇO DE PANO.
Fazendo o ebó indicado, o consulente estará protegido contra tudo.

2 — O LEOPARDO NÃO PODE CAPTURAR O CÃO QUE ESTÁ PROTEGIDO POR UMA GRADE DE FERRO.
Mesma interpretação da sentença anterior.

3 — A IRA DO HOMEM QUE TEM UMA CHAGA, NÃO PODE ESPANTAR A MOSCA QUE POUSA NA FERIDA. A VONTADE DO HOMEM É BATER NA MOSCA QUE O INCOMODA, MAS O MEDO DA DOR IMPEDE QUE ELE BATA NA FERIDA.

O consulente, embora conheça a origem de seus problemas, não tem forças para eliminá-las.

Mensagens de Odi Meji
SENTENÇA: UM PEQUENO BURACO É INDÍCIO DE QUE EXISTE UMA SAÍDA.

Você deve ter muito cuidado porque está cercado de inveja, até mesmo por parte das pessoas de sua família.

Sente-se sobressaltado, sem saber a razão.

Você tem dois parentes que, de tanta inveja que sentem de você, se pudessem, fariam com que desaparecesse.

Tem que dar comida a Obaluaiê e a Iemanjá.

Tenha cuidado com problemas judiciais ocasionados por documentos.

Não tente esclarecer certa situação que o está inquietando. Isto só lhe trará dissabores.

Perigo de queda provocando ferimentos e sequelas.

Se sua mãe for viva, ofereça dois obís em honra de sua cabeça.

Alguém lhe disse algo que lhe deixou muito mal.

Costuma ter pesadelos e sonhar com seus inimigos.

As dificuldades financeiras, pelas quais tem passado, são motivo de zombaria. Não se preocupe, a fortuna está a caminho.

Selecione e preste muita atenção aos lugares por onde anda.

Receberá uma notícia do interior.

Assinala, em seu caminho, uma viagem em companhia de um homem velho.

Seu caráter é violento, você vive ou trabalha em local onde existem ferros ou matas.

Você tem um débito com Obaluaiê. Trate de pagá-lo.

Você sente a presença de espíritos desencarnados dentro de casa. É isto que lhe causa sobressaltos.

Existem três pessoas apaixonadas por você e uma delas poderá causar problemas sérios que provocarão ciúmes e resultarão em tragédias.

Alguém, em sua casa, está doente das vistas.

Se você tem um filho homem, oriente-o para que não ande em más companhias, isto poderá fazer com que seja preso.

Não maldiga a sua sorte.

Seu pensamento viaja, não consegue fixar-se em nada.

Você deseja mudar de onde vive.

Evite intimidades com pessoas idosas.

Uma herança a ser recebida.

As pessoas falam mal de você e isto prejudica a sua vida.

Tenha cuidado com seus cabelos, não permita que se apossem de alguns de seus fios, pois irão usá-lo num trabalho de feitiçaria que o tornará louco ou alcoólatra.

Assinala gravidez na família, possível nascimento de gêmeos.

Um dinheiro, trazido por uma pessoa que está no exterior, encontra-se a caminho.

Alguém, que conhece seus segredos, faz uso disto para manipulá-lo.

Uma coisa perdida será recuperada.

Você fala demais e com isto, além de destruir seu próprio futuro, pode cair em desgraça.

Ebós em Odi Meji

Ebó 1

Uma galinha carijó, sete espigas de milho verde, sete tipos diferentes de cereais torrados, sete chaves, sete moedas e sete pedaços de rapadura.

Passa-se tudo na pessoa e arruma-se dentro de uma panela ou alguidar de barro. Sacrifica-se a galinha em cima do ebó e coloca-se o seu corpo sobre ele. Despacha-se num caminho de subida (no início da subida).

Ebó 2

Quatro pombos, quatro galinhas, bastante mingau de farinha de acaçá.

Preparam-se dois sacos confeccionados com esteiras. Um dos sacos é tingido de negro e o outro, de vermelho e branco (usar carvão, efum e osun). Em cada um dos sacos, coloca-se uma boa quantidade de mingau de farinha. Sacrificam-se os bichos a Elegbara; colocam-se os animais mortos dentro dos sacos, dividindo em partes iguais, e despacha-se próximo a uma lixeira.

Este ebó é indicado para pessoas que tenham sua liberdade ou sua vida ameaçadas.

Ebó 3

Uma cabra, duas galinhas, um preá e dois galos.

Depois de sacrificados os animais a Exu, seus corpos são colocados dentro de um jacá. Por cima dos animais sacrificados, colocam-se dois peixes assados, aguardente, epô etc. O jacá é fechado e muito bem amarrado com cordas sem uso anterior, sendo em seguida atirado às águas do rio.

Este sacrifício é indicado para pessoas que se encontrem em dificuldades de todos os tipos, principalmente em relação a condenações, desemprego ou falta de recursos financeiros.

Ejionile

Significados e interpretação
Ejionile é o 8º Odu no jogo de búzios e o 1º na ordem de chegada do sistema de Ifá, onde é conhecido pelo nome de Ejiogbe.
Responde com oito búzios abertos.
Em Ifá, é conhecido entre os Fon, como "Jiogbe". Para melhor eufonia dos cânticos, costuma ter as sílabas invertidas para Gbe-Jime.
Outro nome com que é muito conhecido é Ogbe Meji, dentro do sistema divinatório de Ifá.

descrição dos odus 135

Ejionile, Jionile ou Jionle, devem ser contrações das palavras *Oji lo n'ile*, cuja tradução é: "Aquele que possui a Terra (o mundo)". Este Odu recebe ainda, em nagô, os seguintes nomes:
Ogbe Oji — Duas palavras (vida e morte).
Oji Nimon Gbe — Eu recebi duas dádivas.
Aláfia — Coisas boas. (O título "Aláfia" dado a este Odu não deve ser confundido com o 16º Odu do jogo de búzios que possui o mesmo nome.)
Awúlela — Cumpra com teu sacrifício e serás bem sucedido.
Aluku Gbayi — Aquele que, conhecendo a morte, se ergue sobre o mundo. Ele sabe se agitar ao redor do Sol (MAUPOIL, 1981).
Obafa – Rei de Ifá.

Sua representação indicial em Ifá é:

I I
I I
I I
I I

Que corresponde, na geomancia europeia, à figura denominada "Via" (Caminho).

Ejionile é um Odu composto pelos Elementos Fogo sobre Fogo, o que indica dinamismo puro que impele, de forma instintiva, à conquista do objetivo.

Corresponde ao ponto cardeal Leste e seu valor numérico é 1.

Sua cor é o branco, podendo por vezes, aceitar também o azul.

É um Odu masculino, representado esotericamente por um círculo inteiramente branco. O círculo representando Ejionile

(Ejiogbe) chama-se Gbe-Me; seu interior é branco, como branco é o amanhecer do dia. É o universo conhecido e o desconhecido, chama-se em fon, Keze e em iorubá, Aiye (MAUPOIL, 1981).

Ejionile é considerado o pai dos demais Odus, sendo, portanto, o mais velho de todos, com exceção de Ofun Meji, de quem foi gerado.

É o protetor do mundo material, tendo como principal função supri-lo em todas as suas necessidades e cuidar de sua permanente renovação. É responsável pelo movimento de rotação, que provoca, depois de cada noite, o surgimento de um novo dia. É o senhor do dia e de tudo o que acontece durante ele.

Controla os rios, as chuvas, os mares, a cabeça humana e as dos animais. O pássaro leke-leke, consagrado a Oxalá, o elefante, o cão, a árvore iroco, as montanhas, a terra e o mar pertencem a este signo, assim como todas as coisas naturalmente brancas.

Rege o sistema respiratório e tem também, sob suas ordens, a coluna vertebral, além de todo o complexo de vasos sanguíneos do corpo humano (independente disto, sabe-se que o sangue não pertence a este Odu, mas a Osá Meji).

As pessoas pertencentes a este Odu são impulsivas, chegando quase à irracionalidade. Seus objetivos devem ser atingidos a qualquer preço, mesmo que isso represente o sacrifício de outrem.

Possuem desenvolvimento intelectual mediano, alimentado por uma curiosidade incontrolável e enfraquecido por imaginação excessiva, o que os leva a criar fantasias demasiadamente absurdas.

Tendem ao vulgar, ao mais fácil, ao comum, não se importando muito com a qualidade das coisas.

Costumam ser diretos, e sutileza é coisa que desconhecem quase que totalmente.

Saudações de Ejionile

Em nagô:
Baba Ejionile alalekun moni lekun oko lola
Omodu abosun omó eni ko sé
Ileke ri si ka mu
Ileke omó lori adifafun aladese
Imaparo tin'babeledi agogo

Em fon:
Mi kan Jiogbe,
Ku li rna hun nu mi o!

Tradução:
Eu encontrei Ejiogbe,
Que os caminhos da morte não a conduzam a nós!

Ejionile em irê

Quando em irê, Ejionile pode indicar principalmente: independência, determinação, um caminho aberto e que deve ser seguido, autossuficiência, vitória sobre o inimigo, dedicação em face de problema próprio ou alheio, desenvolvimento intelectual pela vontade de saber, vitória em problemas de ordem financeira.

Ejionile em osôbo

Em osôbo este Odu pode indicar: perdição pelo jogo, estupidez, teimosia, irracionalidade, ações impensadas que ocasionam problemas sérios, confusão, agressividade, fúria incontrolada, casos judiciais, uma aventura que terá final desastroso, falta de escrúpulos, adultério (por parte do cliente), sensualidade excessiva.

Fala de doenças como: anemias, males do estômago, das mamas, da garganta e do ventre, loucura por imaginação excessiva, problemas da coluna vertebral e do olho esquerdo.

Neste odu falam as seguintes divindades:
Voduns (jeje): Hevioso, Sakpata, Lisa, Mawu, Gu e Gbaadu.
Orixás (nagô): Obatalá, Xangô, Ayrá, Ogum e Omolu.

Interdições de Ejionile
Ejionile proíbe aos seus filhos: o uso de roupas vermelhas, pretas ou de cores demasiadamente escuras. O consumo de emú (vinho de palma), da carne de galo, de cobra e de elefante, bolo de acaçá que tenha sido enrolado em folha de bananeira, o uso pérolas negras, corais negros e ônix. São proibidos, também, de matarem ratos.

Sentenças de Ejionile
1 — O BURACO ABRIU A BOCA. O BURACO NÃO ABRE A BOCA SE NADA HOUVER PARA SER ENGOLIDO.
O cliente encontra-se em perigo iminente de morte.

2 — AKLASU ENCONTRA UM CORPO SEM VIDA E DIZ: "GRAÇAS A EJIOGBE, AINDA EXISTE ALIMENTO PARA MIM."
Aklasu é um cão selvagem que habita as savanas. O Odu Ejiogbe determina que o aklasu se alimente de carniça. Por este motivo, toda vez que o animal encontra um cadáver, dá graças a Ejiogbe. O cliente para quem for determinada esta sentença, encontra-se em sérias dificuldades.

3 — OH, IFÁ EJIOGBE! O BRILHO DO SOL DESBOTARÁ A BELA COLORAÇÃO VERMELHA DO AGIDIBÃ QUE VIVE NA MONTANHA!
Agidibã é uma espécie de preá de pelo avermelhado. O cliente não deve expor-se em demasia, para não ver seu prestígio abalado ou diminuído.

Mensagens de Ejionile

Sentença: A cabeça comanda o corpo. Um só rei governa o povo.

Quando este Odu sai numa consulta deve-se passar um pouco de efum na testa do consulente.

Você não é reconhecido por seus méritos e a culpa é sua.

É roubado dentro de sua própria casa.

Teve um sonho que lhe deixou muito preocupado.

Obatalá recomenda que, por pior que estejam as coisas, não deve ficar triste, nem renegar sua vida e muito menos pegar o que não lhe pertence.

Tudo o que obtém é à custa de muito sacrifício e lágrimas, e isto porque você não cuida devidamente do seu Orixá. Trate do seu santo e tudo se tornará mais fácil para você.

Às vezes você ri quando sente vontade de chorar.

Você é maledicente e costuma renegar sua crença.

Deve usar sempre roupas brancas.

Sofre das pernas e costuma ter câimbras.

Evite tomar muito sol na cabeça.

Respeite seus mais velhos, não zombe deles para não atrasar sua vida.

Em breve receberá notícias de um familiar distante.

Você não tem tranquilidade e, muitas vezes, sente vontade de morrer.

Sua família viveu às suas custas e, quando você ficou sem condições de sustentá-los, viraram-lhe as costas.

Você não tem sorte com as amizades.

Não deve comer feijão branco nem bucho.

Não conte seus sonhos a ninguém.

Não use nada que tenha pertencido a alguém que já morreu.

O Egum de uma pessoa conhecida está querendo alguma coisa de você. Dê-lhe o que deseja.

Não coma mandioca, amendoim e comida de um dia para o outro.

Não acumule lixo pelos cantos.

Você é sempre mal pago pelos seus serviços.

Há uma guerra em sua vida, da qual sairá vitorioso.

Você sempre abriu mão de tudo em favor de pessoas que hoje são suas inimigas.

Muita gente fala mal de você e de sua honra, somente por inveja.

Se ouvir chamar seu nome, só responda depois de ver quem está chamando.

Não visite enfermos.

Você tem uma boa predestinação que pode ser revelada por meio de seus sonhos. Procure interpretá-los corretamente e seguir as orientações neles contidas.

Sente dores nas vistas e na barriga.

Evite subir escadas-caracol e descer em porões.

Não coloque perfumes na cabeça nem ande nu da cintura para cima.

Não use roupas remendadas nem tenha em casa garrafas e potes destampados.

Você fez uma coisa que o deixou preocupado e apreensivo. Provavelmente terá se apropriado de algo que não lhe pertencia.

Existe uma pessoa poderosa que está tentando prejudicá-lo. Esta pessoa fez um trabalho com restos de um defunto para seu mal. Este malefício pode ser facilmente neutralizado e, para isto, basta que você, durante sete dias consecutivos, evite sair de casa antes das 12 horas.

Quando este Odu sai numa consulta, deve-se passar um pouco de efum na testa do consulente.

descrição dos odus 141

Quando este Odu surge em opolé e depois sai novamente na primeira mão, se vier trazendo irê, significa que o consulente é filho de Obatalá e tem que fazer santo.

Ebós em Ejionile

EBÓ 1

Uma galinha branca, uma vara de madeira do tamanho da pessoa, canjica cozida, oito ovos crus, um pedaço de pano branco, oito acaçás, oito búzios, algodão em rama e um alguidar.

Passa-se tudo no corpo do cliente e arruma-se no alguidar que já foi anteriormente forrado com algodão. Amarra-se o pano na vara de madeira, que deve ser fincada no solo como uma bandeira. Arria-se o alguidar com o ebó na frente da bandeira. Passa-se a galinha no cliente, com muito cuidado para não machucá-la, apresenta-se a Exu e se solta com vida. Este ebó é para ser feito num lugar bem alto, de frente para o local onde nasce o Sol, de manhã bem cedo.

EBÓ 2

Duas cabaças médias, um pedaço de pano branco, um pedaço de pano estampado de boa qualidade, um pedaço de carne de carneiro ou de bode, azeite de dendê, ataré, oito moedas, oito búzios, oito pedrinhas brancas pequenas, um pedacinho pequenino de ouro e outro de prata.

Abrem-se as duas cabaças pelo meio, retiram-se as sementes, deixando-as bem limpas por dentro, pinta-se por dentro e por fora com efun. Numa delas se coloca o pedaço de carne, dendê e vários grãos de ataré, e embrulha-se no pano estampado. Na outra, coloca-se as moedas, os búzios, as pedrinhas, o ouro e a prata, fecha-se e embrulha-se no pano branco. Oferecem-se as duas cabaças à cabeça do cliente e despacha-se a que contém a carne, numa mata. A outra, deve ficar guardada na casa do cliente e participar, todas as vezes que a pessoa tomar borí.

Este ebó é indicado para melhorar a sorte e fortalecer a cabeça.

Ebó 3
Oito espigas de milho verde bem tenras, mel de abelhas, efun, orí.

Descascam-se as espigas e assam-se ligeiramente num braseiro. Depois de assadas, passa-se orí, rega-se com mel e arruma-se numa tigela branca. Pulveriza-se com pó de efun, pó de peixe e de preá. Cobre-se tudo com algodão e deixa-se por oito dias nos pés de Oxalá, mantendo iluminado com velas ou lamparina de óleo de algodão. No oitavo dia, leva-se à uma mata e despacha-se sob uma árvore velha e frondosa, forrando o chão com pano branco.

Osa Meji

Significados e interpretação

Osá Meji é o 9º Odu no jogo de búzios e o 10º na ordem de chegada do sistema de Ifá, onde é conhecido pelo mesmo nome. Responde com nove búzios abertos.

Em Ifá é conhecido entre os Fon como "Sa Meji". Os nagô o chamam Osá Meji e, também, de Oji Osá.

"Sa" em iorubá evoca a ideia de escapamento no sentido de escorrer. Pode significar, também, ventilar, arejar, podendo ter o sentido de separar, selecionar, escolher.

Numa época em que os signos de Ifá não conheciam o ar da vida, foi este signo que os chamou e colocou a todos em contato com o ar.

Em iorubá, as palavras "Asa meji" significam principalmente, "duas coxas" e, neste caso, Osá Meji representa os órgãos femininos que estão sob o seu comando.

Sua representação indicial em Ifá é:

```
I I   I I
 I     I
 I     I
 I     I
```

Que corresponde, na geomancia europeia à figura denominada "Caput Draconis" (Cabeça do dragão).

Osá Meji é um Odu composto pelos Elementos Água sobre Fogo, com predominância do primeiro, o que indica o dinamismo atuando no sentido de ajuda, de apoio.

Corresponde ao ponto cardeal Sul-sudoeste e seu valor numérico é 9.

Suas cores são o vermelho, o laranja e o vinho.

É um Odu feminino, representado esotericamente por uma cabeça humana sobre a lua minguante, representação do poder feiticeiro feminino, numa referência à sua ligação às praticas da feitiçaria nas quais as mulheres se destacam por sua dotação natural inerente à sua condição de procriar, transformando um espermatozoide microscópico num ser humano[5].

Osá Meji representa as Ajés, potências da magia negra que utilizam a noite e o fogo, espíritos malvados que, hierarquicamente, encontram-se situados imediatamente abaixo dos Orixás.

Osá Meji é considerado como sendo um dos Odus mais perigosos; a ele é atribuída a criação de todos os animais ligados à feitiçaria, como o gato, alguns antílopes, a coruja, a andorinha, o pintarroxo, o verdelhão, a lavadeira, o engole-vento, o morcego etc.

Comanda o sangue, a abertura dos olhos, os intestinos, todos os órgãos internos do corpo, inclusive o coração e, por extensão, a circulação sanguínea.

É ele quem dá cor ao sangue e, sendo o senhor do sangue, não distingue ricos de pobres, não conhece reis, chefes ou poderosos. Todos os homens — porque têm sangue — são propriedades suas.

Rege as orelhas, os olhos, as narinas, os lábios, os braços, as pernas e os pés, da mesma forma que os órgãos genitais femininos. Pode ser encontrado no fluxo menstrual, no ventre das mulheres menstruadas, daí a extrema nocividade que lhe é atribuída.

Se uma mulher grávida encontrar este signo no decorrer de uma consulta, deve oferecer um sacrifício para que não venha a

---

[5] Este poder, que só as mulheres possuem, seria uma das principais interdições, dentre outras, para serem consagradas ao cargo sacerdotal de hierarquia máxima no culto de Orunmilá.

abortar. Um cabrito deve ser sacrificado às Ajés para apaziguá--las.

A magia negra é muito mais eficaz quando praticada à noite, e o fogo é também representado pelo sexo feminino.

Deve-se esclarecer, em relação ao fluxo menstrual, que, embora pertencendo a Osá Meji, logo que se aparta do corpo da mulher, passa a pertencer a Irosun Meji e, quando derramado sobre o solo, passa a ser de Ofun Meji.

Osá Meji rege as saudações recíprocas, sob as ordens de Ejiogbe durante o dia e de Oyeku Meji durante a noite.

Preside a invocação dos demais signos sobre o oponifá: é este signo quem invoca e traz os demais à presença do babalaô, durante as consultas ou em qualquer procedimento em que as figuras sejam riscadas sobre o tabuleiro, cabendo a Iká Meji a função de conduzi-los de volta logo que suas presenças não mais se façam necessárias[6].

Como se pode observar, Osá Meji possui poderes ilimitados, ele é aquele que pode fazer tudo e que efetivamente, tudo faz.

Este signo representa, ainda, um tabu, uma interdição a ser observada, respeitada integralmente para evitar severas penas em caso de desobediência.

Embora seja um Odu de características terríveis, é muito positivo, na medida em que quase sempre responde *sim*, o que não atenua sua periculosidade. Sempre que surgir numa consulta

---

[6] A chamada de um signo de Ifá ocorre no momento em que é riscado sobre o opon, e seu retorno ao Orum se dá no momento em que a sua marcação é desfeita. É Osa Meji quem traz o Odu riscado à presença do sacerdote, cabendo a Iká Meji levá-lo de volta logo que sua configuração indicial é desfeita. Independente disto, quem rege a marcação da figura do signo é o Odu Irete Meji.

feita para uma mulher grávida, pode estar anunciando aborto ou hemorragia incontrolável.

No corpo humano, predispõe a enfermidades da medula espinhal, doenças do sangue e descontrole das regras menstruais. Pode indicar a presença, no organismo, de fluídos benéficos que atuam lenta e progressivamente, numa ação construtiva ou regenerativa, em favor da matéria orgânica.

As pessoas naturais deste signo são em geral simpáticas, inteligentes, tímidas e engenhosas, possuem caráter sério, responsável e benevolente, e seu maior defeito é a dificuldade que encontram diante da necessidade de tomarem uma iniciativa, ficando por muito tempo hesitantes diante dos problemas.

Saudações de Osa Meji
Em fon:
    Mi kan Sa Meji
    Se so awon Vodun se ami do afo
    E kun non so o!
Tradução:
    Reverências a Osá Meji,
    Todos os pássaros são aprisionados no alçapão,
    Menos o pássaro de Iyami Aje, cujas penas são untadas de óleo.
Em iorubá:
    Osá osagbe igborigbo ogbo lodo
    Osawo igbori agbo afoniku agbo
    Osa agba ti oleja oleja oloban un mu.

Osa Meji em irê
Quando em irê, Osá Meji pode indicar principalmente: elevação espiritual ou material, poderes mediúnicos ou parapsicológicos, vitória nos objetivos, progresso, ideias inteligentes.

Osa Meji em osôbo

Em osôbo, este Odu pode indicar: feitiçaria, aborto, quebra de um tabu, trabalho feito.

Em osôbo arun, indica problemas da coluna, doenças do sangue, menstruação excessiva, hemorragias de todas as origens.

Neste odu falam as seguintes divindades:
Voduns (jeje): Gbaadu, Na, Kennesi, Naawo, Lisa, Iyalode e Hevioso.

Orixás (nagô): Iansã, Iemanjá, Olokun, Xangô, Aganju, Obá, Obatalá, Elegbara e Egum.

Interdições de Osa Meji

Aos filhos deste Odu é proibido comer carne de antílope, de galo e todas as comidas que são oferecidas a Nanã. Não podem usar roupas confeccionadas com tecidos de fundo vermelho e/ou azul, assim como usar quaisquer objetos em que essas cores se apresentem reunidas. O vinho de palma, o sorgo, o bejerecum, as folhas de iroco, o bambu e tudo o que for feito de bambu são também suas interdições. Não podem, ainda, praticar feitiçaria ou servir de árbitro ou mediador em questões entre duas pessoas, para não caírem no desagrado de uma delas, tornando-se seu inimigo. Os homens deste Odu são proibidos de esperar os orgasmos de sua mulher. As mulheres deste signo não devem praticar o coito em locais iluminados, para não exporem seus órgãos sexuais aos homens.

Sentenças de Osa Meji

1 — O VENTO NÃO PODE BALANÇAR A PEDRA COMO SE FOSSE UMA TRANÇA DE CABELO.

Se o consulente cometeu uma falta, poderá redimir-se sem sofrer a punição que seria imposta a qualquer outro na mesma situação.

2 — Rápido, devolva rápido o meu pássaro! Em qualquer lugar que ele esteja, o teu pássaro será devolvido!

O consulente, que tudo perdeu, suplica que seus bens sejam devolvidos. Se for para seu bem, Osa Meji devolverá tudo o que perdeu.

3 — A mulher vestida de vermelho será vítima de um acidente ao passar por uma estrada. Se tu não me deres o teu sangue, me darás a tua carne! Disse Ifá: "Eu ficarei com este pano vermelho para salvar-te da morte e para conservar teu sangue e tua carne!"

A mulher do consulente não deverá mais usar roupas ou panos vermelhos, para que não morra num acidente. Um ebó deverá ser feito para afastar a morte: Uma galinha vermelha será sacrificada sobre uma cabaça cheia de epô pupá, o sacerdote inscreverá o signo de Osa Meji sobre o iyerosun, que será derramado dentro da cabaça. Depois, envolve tudo em pano vermelho e entrega numa estrada.

4 — A mesma saliva que prepara o visgo, é a que solta o passarinho capturado.

Se alguém fizer mal ao cliente, verá o malefício voltar-se contra si próprio. Para que isto aconteça deverá ser feito o seguinte trabalho:

Recolher quarenta e uma taliscas (nervuras) de dendezeiro; em cada talisca, fazer uma bolinha de algodão (como se fosse um cotonete) e encharcar as bolinhas com saliva. Passar as bolinhas molhadas no iyerosun onde tenha sido inscrito o signo de Osa Meji e depois colocar sobre o telhado da casa. Isto serve de proteção contra qualquer malefício.

Este amuleto funciona como um catalisador dos malefícios direcionados à pessoa que o possua, assim como a todos os habitantes da casa onde for instalado. O malefício não só é neutralizado, como também devolvido a quem o tenha feito.

Mensagens de Osa Meji
SENTENÇA: POR VEZES A LOUCURA NÃO PASSA DE CONVENIÊNCIA.

Existe um clima de revolta e descontentamento em sua casa que poderá gerar problemas de justiça. Certa pessoa que frequenta sua casa é a única responsável por esta situação.

Nunca ajude ninguém a levantar coisas pesadas, pois isto fará com que esta pessoa suba na vida e você regrida.

Não guarde nada de ninguém sem antes conferir do que se trata, para não correr o risco de lhe entregarem uma coisa e depois dizerem que foi outra.

Nunca viaje sem antes fazer ebó.

Uma doença coloca a sua vida em perigo. Faça ebó e dê um presente para Ossaim para livrar-se deste osôbo.

Costuma sonhar com alimentos e com pessoas que já morreram.

Não durma sobre lençóis de cores.

Tenha cuidado com pragas e maldições que lhe tenham lançado.

Se seu pai já faleceu, mande rezar uma missa por sua alma e peça-lhe que o proteja deste perigo.

Tenha cuidado com o fogo e com golpes de ar, a morte está sempre ao seu redor.

Você tem parentes no exterior.

É teimoso, tem cabeça dura e gênio ruim. Não admite que o contradigam e não perdoa ofensas.

Quando se aborrece, não tem medo de ninguém e se lhe fazem alguma coisa, têm que pagar por isto.

Sua saúde não está nada boa. Evite velórios e cemitérios.

Não use roupas xadrez ou com quadrados, e evite também cores berrantes.

Você tem sido trabalhado com feitiçarias feitas através de Eguns.

Não seja curioso e evite olhar repentinamente para lugares escuros.

Não descuide de suas roupas e de objetos de uso pessoal, para que não sejam usados em trabalhos de feitiçaria.

Você tem três inimigos, dentre os quais, um a quem já favoreceu em diversas ocasiões. Hoje, esta pessoa é o seu inimigo mais perigoso.

Tem que tomar borí.

Você pensa em alguma coisa e logo se esquece dela.

Entre seus ancestrais mortos, existe um que, cansado de vê-lo sofrer, quer levá-lo para seu lado.

Em cima de você tem muito mau-olhado, o que lhe causa diversos contratempos.

Não acredite nos amigos; na verdade, você não tem nenhum verdadeiro.

Ebós em Osa Meji

Ebó 1

Um galo, nove agulhas, nove taliscas de dendezeiro, nove bolos de farinha, nove cabacinhas pequeninas, nove acaçás, nove grãos de ataré, nove moedas, nove penas de ekodidé, algodão, pó de efum e um alguidar.

descrição dos odus 151

Sacrifica-se o galo para Exu e coloca-se dentro do alguidar. Arruma-se tudo em volta do galo. Nas pontas das taliscas de dendezeiro, enrola-se um pouco de algodão como se fosse um cotonete. Molha-se o algodão, enrolado nas taliscas, no sangue do galo e depois se passa no pó de efun. As taliscas e as penas de ekodidé não vão dentro do alguidar: devem ser espetadas no chão, formando um círculo ao redor do recipiente, no local em que for despachado. Neste ebó não se passa nada no corpo do cliente. Despachar na beira da praia sem acender velas. Na volta, todas as pessoas que participaram têm que tomar banho de folhas de elevante e defumar-se com canela em casca ou em pó.

Ebó 2

Um galo, um carneiro, um bode, nove idés pequenos de metal dourado, dendê, mel, aguardente etc.

Sacrificam-se os animais sobre Elegbara, deixando o ejé correr um pouco sobre os idés. Os bichos são despachados de acordo com a determinação do jogo e os idés, depois de limpos, são entregues ao cliente para serem usados como amuleto. Este ebó é para evitar perigo de traição.

Ebó 3

Um galo, um preá, um ekurú, um peixe assado, uma frigideira de barro sem uso.

Sacrificam-se os animais a Elegbara. Retira-se o couro do preá que, depois de seco, é estendido dentro da frigideira. Em cima disto, coloca-se o ekurú, que deve ser substituído periodicamente. A frigideira deve ser colocada sobre o telhado da casa do cliente, servindo de defesa para o mesmo.

Ofun Meji

Significados e interpretação

Ofun Meji é o 10º Odu no jogo de búzios e o 16º na ordem de chegada do sistema de Ifá, onde é conhecido pelo mesmo nome.

Responde com dez búzios abertos.

Em Ifá, é conhecido entre os Fon como "Fu Meji", "Ofun Meji" ou "Ofu Meji". O nagô o chama também, de "Ofun Meji", "Làgun Meji" (Làgun significando mistério), "Ologbon" (misterioso e maléfico por haver cometido um incesto — Lo), "Oji Ofu" por eufonia, "Hekpa" ou "Baba Hekpa", como sinal de reverência e respeito.

Em iorubá "fun" significa doar, dar, "funfun" significa branco e este Odu representa esta cor, enquanto que "ofu" significa perda, prejuízo. A palavra "fu" transmite a ideia de limpar soprando, como quando se assopra um objeto ou superfície qualquer para retirar a poeira ali depositada (MAUPOIL, 1981).

Sua representação indicial em Ifá é:

```
I I   I I
  I   I
I I   I I
  I   I
```

Que corresponde, na geomancia europeia, à figura denominada "Acquisitio" (Aquisição, aumento).

Ofun Meji é um Odu composto pelos Elementos Água sobre Água, o que indica uma ajuda constante e pronta a apoiar o esforço que a evoca, sem obstáculos a serem vencidos ou contornados.

Corresponde ao ponto cardeal Sudeste e seu valor numérico é 11.

Sua cor é o branco, o qual representa, mas aceita também o azul e o violeta.

É um Odu feminino, representado esotericamente por um ovo onde se inscreve à direita, verticalmente, doze pontos em pares superpostos e, à esquerda, quatro traços horizontais também superpostos. O ovo representa o próprio Ofun Meji, envolvendo todos os outros Odus e a si próprio. Os quatro traços representam Ogbe Meji, Oyeku Meji, Iwori Meji e Odi Meji. Os doze pontos representam os demais Odus, inclusive o próprio Ofun Meji.

Ofun é o pai de Ogbe que, por sua vez, é o pai de todos os demais Odus, que têm Ofun como mãe. Segundo a opinião de alguns adivinhos, Ofun Meji, sendo pai de Ogbe e mãe dos demais Odus, possui os dois sexos, sendo, portanto, hermafrodita. Ogbe, sendo o seu filho mais velho, reina sobre os demais.

Ofun Meji é portador de um ló (mistério) que seria, na realidade, o incesto praticado com seu filho Oxe Meji. Em decorrência disto, todos os segredos e mistérios são regidos por Ofun que, conhecendo o segredo da morte, possui o dom de ressuscitar os mortos.

Ofun Meji representa a Grande Mãe e o princípio maternal. Sendo a mãe de todos os Odus, o é também de toda a criação, não tendo domínio somente sobre o ar, e, após tê-lo criado, liberou Ejiogbe, que passou a dominá-lo (MAUPOIL, 1981).

Depois de Ejiogbe, Ofun Meji engendrou os demais Odus, possuindo assim o mundo, onde cada Odu criou e simboliza uma parte, sempre sob as ordens e leis estabelecidas por Ofun.

Suas atribuições são tantas, que é impossível enumerá-las, assim como é impossível enumerar tudo o que está sob seu domínio.

Comanda, juntamente com Osá e Irosun, as regras femininas.

Este Odu é tão poderoso, que a maioria dos adivinhos omitem seu nome diante de profanos, preferindo dizer "Hekpa Baba" (Baba significa papai e hekpa é uma exclamação que exprime pavor).

Os naturais deste Odu são pessoas fadadas a viver muitos e muitos anos, conhecendo o sucesso e a realização plena no decorrer de suas vidas. Adquirem bens materiais somente depois da meia idade, quando se encontram e se realizam espiritualmente, na medida em que se descobrem interiormente.

Saudações de Ofun Meji
Em fon:

Mikan Fu Meji Hekpa!
Ku kpodo ku vi le kpa,
Gbe kpodo Gbe vi li kpo,
Azon kpodo Azon vi le kpã,
Guda Fligbe, wa yi sa nu mi!
Kla Sa, magba hwe do ta nu mio!
Di Fun, Ku hun Ku kon,
Se Tura do le do,
Le gbogbo do,
Kpoli agbã no je agbã ton gudo bo
Je agbã ton nukon!
Dunon Dunon emi iro le leô,
Emi hwele si ye!

Tradução:
Saudações a Ofun Meji, Hekpa!
Morte e filhos da Morte,
Vida e filhos da Vida,
Doença e filhos da Doença,
Ogunda Gbe, venha trazer axé ao meu sacrifício!
Okanran Sa, que nunca falte um teto sobre minha cabeça!

Odi Fun, se a morte me perseguir, rechace-a!
Oxe Tura, isto é para você e também para Ile, a Terra, não importando a quem esteja endereçado sobre a Terra!

Signo a quem pertença este sacrifício, que possas demorar-te adiante e atrás dele.
Odu, Odu que eu invoquei, eu lhe ofereço água.

Dito isto coloca-se farinha de acaçá diluída em água sobre o sacrifício ofertado.

Terminada a oferenda, uma última prece é feita para que seja aceita:
Adra mi do kpe,
Adra we nhi Ku-non!
Ku mi do kpe!
He zuzon non se do mon a
E se we do fi-de, hun yi fi lo.

Tradução:
Adra, nós te reverenciamos,
Adra, Senhor da Morte!

Nos te reverenciamos, Ikú!
O pássaro que voa não pode tocar aquele cuja cabeça está protegida,
O perigo não se aproxima daquele que recebeu o Axé.

Se alguém te pede para ir a qualquer parte, você faz com que vá.

Esta última frase se endereça ao sacrifício.

A segunda parte desta saudação é utilizada somente por ocasião do oferecimento de sacrifícios determinados por Ofun Meji, e deve ser recitada sempre depois de recitada a primeira parte.

Prece de Ofun Meji em iorubá:
    Orunmilá odye mondoye odimala mondimàlà
    Bimàlà nakade awontanimon awondadewe tedimolé

    Awo n'lale awo ti n'fo wo kansusu dagba omosoko

    Alaba ti n'belode Ifé awonimon odoyeee mondoyeee

    Odimanlan mondilmanlan Orunmilá oni n'mo olo jagba awa
    Do pitan majeta kokpawa Ifá dopitan majetan kokpawa.

(Tradução desconhecida)

Ofun Meji em irê

Quando em irê, Ofun Meji pode indicar, principalmente: aquisição, riqueza, longevidade, aumento de recursos materiais, aumento de energias físicas e espirituais, credibilidade, segurança, sucesso.

Ofun Meji em osôbo

Em osôbo, este Odu pode indicar: avareza, obsessão em acumular riqueza, traição, desmoralização, perda do respeito público.

Em osôbo arum, indica problemas circulatórios, má circulação, obesidade, apoplexia, abortos, extirpação do útero e do ovário, cirurgias abdominais.

Neste odu falam as seguintes divindades:
Voduns (jeje): Lisa, Mawu, Gu, Na, Dã, Hoho, Sakpata, Hevioso, Xu, Loko e Kpo-Vodun.
Orixás (nagô): Obatalá, Odudua, Oxum, Elegbara, Baba Egum, Iroco e Kposu (falam todos os Funfun).

Interdições de Ofun Meji
Ofun Meji proíbe aos seus filhos: beber vinho de palma (emú), peneirar farinha, soprar o fogo, quer seja para apagá-lo, quer seja para atiçá-lo, usar roupas ou objetos vermelhos, comer galo, porco, crocodilo, elefante e cobra, assim como todos os alimentos que são oferecidos a Dan e a Nanã. O consumo do sorgo de casca vermelha é também uma de suas interdições.

Estas pessoas devem usar exclusivamente roupas brancas ou de tonalidades muito claras, não podem andar sujas ou em ambientes sujos.

Sentenças de Ofun Meji
1 — O SABÃO SE DISSOLVE SOBRE A CABEÇA E DESAPARECE, MAS A CABEÇA CONTINUA NO MESMO LUGAR.
O consulente conhecerá a velhice.

2 — O DINHEIRO É UMA COISA DO DESTINO, OS TECIDOS SÃO COISAS DO DESTINO, OS METAIS SÃO COISAS DO DESTINO. AS ROUPAS SÃO COMO AS PESSOAS, AS PESSOAS SÃO COMO AS ROUPAS. O HOMEM NECESSITA DE ROUPAS PARA SER ADMITIDO NA CASA DE DEUS[7].

---

[7] Existe, entre os fon, a crença de que, se a pessoa morrer despida, não será admitida no Orun.

Mesmo sentido da sentença anterior.

3 — O RATO VERMELHO DIZ: "EU FAÇO MEU NINHO EM TODAS AS CASAS, EM TODOS OS BURACOS, EM TODOS OS ARMAZÉNS. NO DIA EM QUE O LAVRADOR RECOLHER OS SEUS GRÃOS, SERÁ A MINHA MORTE."

O consulente penará muito para conseguir o que deseja e, logo depois de conseguir, morrerá.

Ebó: Com uma porção de terra recolhida num armazém ou celeiro, misturada a um pouco de água, o adivinho modela um boneco, e sacrifica sobre ele duas galinhas e um cabrito. Coloca tudo dentro de uma cabaça e enterra no armazém ou celeiro. Isto evita que a previsão da sentença venha a ocorrer.

Mensagens de Ofun Meji

SENTENÇA: É A AGULHA QUE CARREGA A LINHA.

Você faz determinadas coisas que afastam seu Orixá, impedindo que lhe dê a proteção que gostaria de dar.

Não gosta muito de trabalhar e prefere encostar-se em alguém para conseguir o que precisa.

Já teve diversas chances para ganhar dinheiro, mas nunca retribuiu aos Orixás e, por isto, perdeu tudo.

Tem que fazer Ifá, mesmo que não chegue a ser babalaô.

Uma criança de sua família está doente, tome providências neste sentido.

Se for mulher, tem retenção do fluxo menstrual que pode se agravar, deixando-a doente de cama.

Você tem uma mágoa muito grande de alguém de sua família.

Mude-se do lugar onde está morando, porque ali existe muito olho-grande em cima de você.

Você é uma pessoa muito sofrida e pode enlouquecer por não aguentar mais tanto sofrimento.

Sua cabeça não está nada bem no aspecto psicológico.

Você, em determinados momentos, deseja morrer.

Não dorme bem e demora muito a pegar no sono.

Evite fumar.

Chegarão notícias sobre a morte de alguém distante.

Não seja curioso, isto pode lhe ocasionar cegueira.

Se você tem alguma coisa guardada que represente um segredo, não facilite com a chave do local onde está guardada, pois alguém tentará descobrir o que é e divulgar o seu segredo.

Você está com problemas de barriga e pode estar grávida.

Existe uma coisa boa em seu caminho que não passa da esquina da sua rua e não consegue chegar a sua casa, porque existe um estorvo que a impede de chegar.

Evite aborrecimentos. Embora não pareça, sua saúde não está boa, e um aborrecimento sério poderá ocasionar a sua morte.

Na sua casa existem coisas enterradas e, por isto, ouvem-se ruídos e acontecem coisas estranhas.

Às vezes você está muito bem e, repentinamente, sente vontade de rir e de chorar ao mesmo tempo, sem saber por quê.

Às vezes se surpreende falando sozinho e não entende o que está se passando.

A morte ronda sua casa e, por isto, não deve ter vasilhas destampadas e lixo amontoado pelos cantos.

Tenha muito cuidado com o que come e, quando estiver comendo, evite ser incomodado ou interrompido.

Não abra sua porta depois que tiver deitado para dormir.

Não visite doentes nem vá a velórios.

Você protege uma pessoa que é sua inimiga.

Você vive sofrendo por alguém que só prejudicou a sua vida.

Não se molhe na chuva nem se exponha à luz da Lua.

Tem que oferecer alguma coisa ao seu Ori.

Não fique em falta com seus mais velhos nem queira inteirar-se de coisas que não lhe dizem respeito.

Você tem uma marca ou sinal grande no corpo.

Tudo o que você tenta fazer sai errado.

Não deve comer milho e feijão branco.

Quando estiver à mesa comendo, não deve levantar-se para atender a porta.

Você sente uma tristeza que lhe faz chorar.

Quando caminha um pouco, sente-se cansado. É problema de circulação sanguínea.

Passou por sérios problemas na vida, ocasionados por sua família e por amigos que o roubaram.

Você tem ou terá uma filha cujo olorí é Xangô ou Obatalá.

Você ou uma pessoa de sua casa tem uma doença que é de origem espiritual. Pagando o que deve ao Orixá, a doença desaparecerá imediatamente.

Alguém está tramando um plano para prejudicá-lo e colocá-lo em apuros.

Gosta de jogar, mas não tem tido sorte. Alguém, por inveja, lhe lançou uma maldição para que a sorte lhe virasse as costas.

Não se vista de negro nem durma sobre lençóis de cores.

Tenha cuidado com rumores e problemas com a justiça.

Alguém o difama e levanta-lhe falso testemunho.

Você não encontrou em sua vida ninguém que lhe desse uma ajuda.

Rogue a proteção de Oxum e de Obatalá.

Você pode ser preso. Uma pessoa, a quem já prestou muitos favores, trará uma fofoca. Não lhe dê ouvidos porque qualquer atitude que venha a tomar pode lhe trazer graves consequências.

Se tem algum projeto em mente, aja com muito cuidado, Oxum avisa que nas águas calmas existem redemoinhos.
Uma amizade sua, dentro em breve, se transformará em inimizade.
Cuidado para não ser vítima de um roubo.
Você, se já não foi, será submetido a uma intervenção cirúrgica.

Ebós em Ofun Meji

Ebó 1

Uma tigela branca grande, canjica, uma toalha branca, dez velas brancas, dez acaçás, um obi de quatro gomos, água de flor de laranjeira, pó de efun, algodão em rama e um igbín vivo.

Leva-se tudo ao alto de uma montanha e ali, embaixo de uma árvore bem copada, faz-se o seguinte: primeiro reza-se a saudação de Ofun Meji. Depois, forra-se o chão com a toalha branca. No meio da toalha, coloca-se a tigela com a canjica. Coloca-se os quatro gomos do obi sobre a canjica, um de cada lado; coloca-se os dez acaçás em volta da tigela, e em cada acaçá espeta-se uma vela. Cobre-se a tigela com o algodão, derrama-se sobre ele a água de flor de laranjeira e cobre-se com o pó de efun. Passa-se o igbín na pessoa e manda-se que ela o coloque, com suas próprias mãos, sobre a tigela. Derrama-se um pouco de água de flor de laranjeira sobre o igbín, que deverá permanecer vivo. Só então se acendem as velas e faz-se os pedidos. A cada pedido formulado diz-se: Hekpa Babá.

Na volta para casa deve-se falar o mínimo necessário, e a pessoa que passou pelo ebó tem que guardar resguardo de dez dias e vestir-se de branco durante o mesmo período[8].

Ebó 2

Igbín, efun, osum e ori da costa.

Puxa-se o igbín sobre Oxalá. Frita-se sua carne, depois de limpa, em banha de ori. Cobre-se com efum e oferece-se para Oxalá depois que esfriar. O casco do igbín é untado com banha de ori e, depois de pintalgado com efum e osun, oferecido a Elegbara.

Owónrin Meji

---

[8] Espíritos dos mortos. (Fon)

descrição dos odus 163

Significados e interpretação

Owónrin Meji é o 11º Odu no jogo de búzios e o 6º na ordem de chegada do sistema de Ifá, onde é conhecido pelo mesmo nome. Responde com onze búzios abertos.

Em Ifá é conhecido entre os Fon como Wenle Meji, tendo a pronúncia do "e" final anasalada, pronunciando-se, corretamente, "Uénlen" "Uólin", "Uórin" ou "Uárin".

"Wō-ri" significa, em iorubá, rodar ou virar a cabeça, um sentido figurado de morrer; "wālā-wālā" em fon, evoca a ideia de pintalgar, matizar.

O nome deste signo evoca a união da vida e da morte, significando as duas coisas ao mesmo tempo.

Sua representação indicial em Ifá é:

```
I I   I I
I I   I I
 I     I
 I     I
```

Que corresponde, na geomancia europeia, à figura denominada "Fortuna Major" (Grande fortuna).

Owónrin Meji é um Odu composto pelos Elementos Terra sobre Fogo, com predominância do primeiro, o que indica proteção, ajuda, admissão, aceitação.

Corresponde ao ponto cardeal Oés-sudoeste e seu valor numérico é 13.

Suas cores são sempre luxuriantes e quentes, principalmente os vermelhos e o dourado.

É um Odu feminino, representado esotericamente por dois triângulos sobrepostos, no meio de cada um dos quais estão dispostos três pontos formando triângulos. Cada ponto é de uma cor diferente, o que transmite a ideia de colorido, matizado. São utilizadas seis cores diferentes, não importando quais sejam elas. Cada ponto de cada triângulo representa três ikins, totalizando 18 ikins (6 x 3 = 18), e 18 é o número de ikins que compõe a primeira mão de Ifá. Nesta representação pode-se, perfeitamente, contar as pontas de cada triângulo ou os pontos neles contidos com a saudação a Orunmilá: *Boru, Boiya, Bosise.*

Owónrin Meji é um Odu muito poderoso, que pode provocar inúmeras doenças localizadas no abdome. É ele quem assiste diretamente a Ikú — a Morte — durante a noite e a Gbe — a Vida — durante o dia.

Tendo sido o criador das cores, transmite a ideia de colorido, de estampado.

Introduziu neste mundo, as rochas e as montanhas, as mãos e os pés dos seres humanos, as cólicas femininas (MAUPOIL, 1981).

As pessoas nascidas sob este signo ficam ricas ainda na juventude, realizam muito cedo tudo o que desejam da vida e obtêm precocemente filhos, mulheres, dinheiro, fama e sucesso.

São naturalmente bafejadas pela sorte, atraentes e excessivas em tudo, generosas, dominadoras e entusiasmadas; não conhecem desafios que não possam vencer, obstáculos que não saibam sobrepujar. Gostam do que é bom, do que é caro, e não medem esforços para obter o que desejam.

Owónrin Meji predispõe, no entanto, a estadias curtas sobre a Terra. Segundo um itan de Ifá, o Odu costuma dizer: "O que faz meu filho sobre a Terra se ninguém é capaz de compreendê-lo como eu? Assim sendo, vou trazê-lo para junto de mim!"

Sendo portador também de acidentes, é muito difícil que se possa desfrutar, por muito tempo, de seus benefícios.

Saudações de Owónrin Meji
Em fon:
   Mi kan Wenle Meji
   Ta-yi ma fo vido akon yeo!

Tradução:
   Saudemos Owónrin Meji
   Que os acidentes não nos surpreendam nem envolvam nossos filhos.

Em iorubá:
   Owónrin sobi eba Esu gbasisa he mise
   Agbo Be efuje agana he mise
   Adié dane kama mo fe tani.

Owónrin Meji em irê
Quando em irê, Owónrin Meji pode indicar principalmente: nobreza de atitudes, uma decisão que leva a um bom resultado, planos que darão certo, um bom empreendimento, proteção do alto, ajuda de terceiros, fortuna, riqueza.

Owónrin Meji em osôbo
Em osôbo, este Odu pode indicar: acidentes fatais, morte súbita ou prematura e vida curta.

Em osôbo arum, indica doenças no olho direito, excesso de sangue, hipertrofia dos órgãos, hipertensão, congestões e todos os tipos de doenças ocasionadas por abundância ou excesso patológico de fluidos, humores, matérias orgânicas etc.

Neste odu falam as seguintes divindades:
Voduns (jeje): Sakpata, Hevioso, Kenesi, Gu, Hoho, Dã e Lisa.
   Orixás (nagô): Iemanjá, Euá, Logunedé, Obaluaiê, Oxum e Inlé.

Interdições de Owónrin Meji
Owónrin Meji proíbe aos seus filhos o uso de roupas e objetos demasiadamente coloridos (mais de duas cores), os banhos de mar, o coito com parceiros que sejam filhos de Omolu. Não devem beber vinho de palma nem comer galinha-d'angola, veado, pipoca, milho e sorgo.

Sentenças de Owónrin Meji
1 — É DIANTE DAQUELES QUE DÃO GENEROSAMENTE QUE AS PESSOAS SE CURVAM, E NÃO DIANTE DOS QUE SÃO AVARENTOS.
O cliente deve oferecer o sacrifício sem medir as despesas dele provenientes.

2 — UM GANCHO SERVE PARA PUXAR AS COISAS PARA JUNTO DE NÓS, E NÃO PARA AFASTÁ-LAS.
O cliente receberá a recompensa pelos seus esforços.

3 — A GUERRA NÃO PODE ABATER O ROCHEDO.
Os inimigos nada poderão contra o cliente que, no final, sairá vitorioso.

Mensagens de Owónrin Meji
SENTENÇA: CARREGAR ÁGUA NUM CESTO É TRABALHAR INUTILMENTE.

Você é pessoa de muito mau gênio e, por este motivo, não deve dar ouvidos a fofocas, pois isto poderá ocasionar uma desgraça em sua vida.

Não se intrometa naquilo que não lhe diz respeito.

Não diga a ninguém que em seu casamento existe amor verdadeiro, para que não interfiram na sua relação.

Sua vida já não é mais o que era antes.

Tem que oferecer um galo para Exu junto com Ogum, com bastante milho torrado.

As dificuldades por que está passando são decorrentes de algum erro no passado.

Não tem tido paradeiro fixo e lhe faltam coisas essenciais.

Tem que assentar Elegbara, ele é seu guardião e quer lhe dar proteção.

Possui muitos inimigos que não lhe dão tréguas. Peça a proteção de Xangô contra os inimigos.

Cometeu uma falta com uma pessoa mais velha e, por isto, lhe impuseram maldições e mantêm velas permanentemente acesas para que você não tenha paz.

Não ande em grupos nem tome bebida em companhia de ninguém.

Evite andar na rua tarde da noite.

Se tem alguma viagem para o interior programada, não a faça por enquanto.

Não pare em esquinas.

Pague uma dívida que você tem com Oxum.

Você é uma pessoa muito geniosa, portanto, não deve portar armas, discutir nem brigar com ninguém.

Não diga mais as "verdades" que costuma dizer às pessoas.

Ebós em Owónrin Meji

Ebó 1

Uma folha de dendezeiro verde e inteira, uma esteira, um pedaço de pano estampado imitando a pele da onça, dois galos.

Arruma-se tudo sobre a esteira: primeiro o pano e sobre ele, a folha de dendezeiro enrolada. Sacrifica-se um galo para Elegbara, deixando o ejé correr sobre o ibá. O galo é colocado no meio da folha (cabeça e tudo). Faz-se, então, um embrulho com o pano estampado, enrola-se na esteira e leva-se para dentro da mata. O outro galo, depois de passado no corpo do cliente, é apresentado a Elegbara e posto em liberdade.

Indicado para pessoas que estejam sendo ameaçadas por inimigos ou que estejam sobre ameaça de acidentes graves.

Ebó 2

Água de chuva, carvões, uma pena ekodidé, um galo.

Acende-se o braseiro e, quando o fogo estiver bem vivo, despeja-se em cima a água de chuva contida num vasilhame qualquer. Recolhem-se as brasas já apagadas numa panelinha de barro e coloca-se sobre elas, espetada, a pena. Pede-se o que se quer e deixa-se nos pés de Elegbara até que se obtenha a graça pretendida. Quando isto ocorrer, sacrifica-se um galo sobre os carvões; oferece-se a pena a Elegbara e despacha-se num lugar alto.

Ejilaxebora

Significados e interpretação

Ejilaxebora é o 12º Odu no jogo de búzios e o 3º na ordem de chegada do sistema de Ifá, onde é conhecido como Iwori Meji. Responde com doze búzios abertos.

Iwori Meji é chamado, na linguagem fon, pelo nome de Woli Meji que, segundo uma etimologia iorubá, exprime a ideia de cortar (wo) a cabeça (li = ori) — cortar a cabeça, decapitar.

Iwori Meji é considerado como sendo o encarregado da função de decepar as cabeças, num plano de existência que nos é inteiramente desconhecido. Foi a este Odu que Olorum confiou o cutelo do carrasco.

Sua representação indicial em Ifá é:

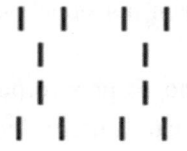

```
I I   I I
I       I
I       I
I I   I I
```

Que corresponde, na geomancia europeia, à figura denominada "Conjunctio" (conjunção, reunião).

Este Odu é composto pelos elementos Água sobre Ar, o que determina um encaminhamento dos esforços ao encontro de obstáculos que, poderão ou não, ser transpostos, dependendo da quantidade de esforços despendidos neste sentido. Significa que duas forças conflitantes se confrontam e que o resultado desta disputa tende sempre em favor do lado mais fortalecido.

Corresponde ao ponto cardeal Sul, do qual é o regente, formando com Ejiogbe (Leste), Odi Meji (Norte) e Oyeku Meji (Oeste), o conjunto dos quatro Odus principais do sistema de Ifá.

Seu valor numérico é 10.

Suas cores são irisadas, mutantes, imprecisas.

É um Odu masculino, representado esotericamente pela silhueta de um animal selvagem, provavelmente uma hiena, o que é explicado pelo fato de haver ensinado ao ser humano o costume de comer carne.

Além do ponto cardeal Sul, este Odu representa os animais selvagens que habitam as florestas, as bestas ferozes, principalmente a hiena e o leão.

Expressa a ideia de contato, de troca, de relação entre dois seres ou duas coisas. Refere-se a tudo o que diz respeito a união, casamento, contratos, pactos, acordos, compromissos etc.

Esta figura exprime tudo o que entra em contato, não só por associação, como também por oposição. Desta forma, o confronto de dois homens, dois exércitos em luta, desde que ocorra um contato bem próximo, corpo a corpo, assim como um acoplamento sexual ou um par de dançarinos em ação, estão sempre sob sua influência.

Pode significar ainda, o fim de uma estadia sobre a Terra, a morte do corpo físico, daí seu nome significar "cortar a cabeça".

Simboliza a ligação entre o céu e a terra: é o caminho que une os dois planos e que deve existir material e espiritualmente, possibilitando a evolução espiritual do ser humano.

As pessoas nascidas sob os auspícios deste Odu apresentam características muito atraentes. Suas atitudes são pautadas na diplomacia, na habilidade e na polidez. Dotadas de profunda percepção, assimilam com muita facilidade os conhecimentos considerados de caráter subjetivo, o que fortalece suas estruturas espirituais.

Um comportamento instável provoca nelas uma constante mudança de opinião, o que, por questões de segurança e para que não pareçam contraditórias, faz com que evitem tomar partido ou posicionar-se diante de uma questão, permanecendo constantemente, "em cima do muro".

São pessoas sensíveis, amáveis e cordiais, que adoram os relacionamentos superficiais e numerosos.

Da mesma forma, no amor, preferem a superficialidade e dificilmente assumem compromissos que durem por muito tempo, o que provoca uma constante troca de parceiros. A inconstância é uma de suas características mais marcantes.

Possuem gosto muitíssimo apurado, mas entediam-se até com as melhores coisas da vida, bastando, para isto, que se transformem em rotina.

Saudações de Ejilaxebora
Em fon:
    Mi kan Woli Meji
    Zun gan do ta numio!
Tradução:
    Saudações a Iwori Meji
    Que em nossos caminhos nunca surjam acidentes!
Em nagô:
    Ejilasebora kimba insolá.
    Ejilasebora ire oh!

Ejilaxebora em irê
Quando em irê, Ejilaxebora pode indicar principalmente: vitória em todos os sentidos, situação de desespero que chega ao final, sendo superada com esforço, fortalecimento espiritual, inteligência, um relacionamento de amizade que se transforma em romance, vitória numa disputa, casamento ou união sentimental, contrato bem sucedido.

Ejilaxebora em osôbo

Em osôbo, este Odu pode indicar: uma troca ruim que traz maus resultados, morte (no sentido literal da palavra), um inimigo difícil de ser derrotado, derrota, associação prejudicial, compromissos que não podem ser satisfeitos, tendências ao suicídio, desespero.

Em osôbo arun, indica principalmente as seguintes doenças: distúrbios nervosos, paralisias locais ou gerais, falta de coordenação motora, epilepsia, loucura total, catalepsia.

Neste odu falam as seguintes divindades:
Voduns (jeje): Gun, Age (pronuncia-se aguê), Lisa, Hevioso e Loko.
Orixás (nagô): Xangô, Ogum, Oxóssi, Iroco e Obatalá.

Interdições de Ejilaxebora

Ejilaxebora proíbe aos seus filhos: comer a carne de qualquer animal morto por decapitação, comer qualquer alimento feito com farinha de milho vermelho (polenta, angu etc.), ingerir mel de abelhas ou qualquer alimento que o contenha, matar ou colecionar borboletas, assim como possuir objetos, quadros, joias etc. adornados com suas asas.

Sentenças de Ejilaxebora

1 — EXISTEM MUITAS RIQUEZAS NO PAÍS DE HLA, MAS VOCÊ NÃO DEVE IR LÁ. AS BESTAS FEROZES O DEVORARÃO!

O consulente deverá desprezar uma chance que lhe surgiu na vida, para não correr o risco de morrer.

2 — UMA LARANJA PEDE PARA SER PLANTADA, OUTRA LARANJA PEDE PARA SER ARRANCADA E COMIDA.

O consulente, que hoje está quase morto, ficará bom e amanhã já estará de pé.

3 — Quando a cerca da casa de um Vodum é arrancada, o sacerdote não deve fazer disto motivo de zombaria.

O adivinho não deve desprezar o consulente que venha consultá-lo e que seja desprovido de recursos.

Mensagens de Ejilaxebora
Sentença: Quando existe guerra, o soldado não dorme.
Tenha cuidado com a justiça e com o fogo. Você está metido numa coisa ruim que pode trazer mau resultado.
Você teve um sonho ruim onde via sangue derramado.
Xangô está zangado com você, procure apaziguá-lo bem depressa.
Possui um gênio muito violento.
Tem inimigos dentro de sua própria casa.
Está metido em confusões, nas quais será derrotado, e não sabe como sair delas.
Alguém fez uma armadilha para que você ficasse arruinado moral e materialmente.
Existe alguém a quem você sente ganas de agredir fisicamente. Não faça isto, porque o prejuízo maior será seu.
Pressente que estão lhe fazendo mal, e não está enganado.
Existe muito fogo mandado em sua direção.
Têm-lhe feito muitos feitiços por inveja da sua maneira de ser.
Se o cliente for homem, tem que ter muito cuidado com uma mulher que o está querendo amarrar. Todos os contratempos de sua vida são causados por mulheres que foram desprezadas.
Deve ter muito cuidado com o que come e bebe. É desta forma que costumam pegá-lo.

Xangô aconselha que pense bem no que fala, nunca diga nada sem antes estar seguro do que vai dizer e, principalmente, não calunie a quem quer que seja.

Você é uma pessoa que acha que sabe muito, mas, na verdade, não sabe nada. Gosta de falar mal dos santos e dos sacerdotes.

Respeite a opinião alheia, você gosta de ser crítico e bancar o engraçado.

Você desconfia de alguém que é sincero e leal com você, trata-se de uma pessoa muito nobre e que não gosta de muita conversa.

Por mais que busque, sempre escolhe mal suas amizades.

Não se deixe levar por falatórios infundados.

Não use roupas listradas nem roupas emprestadas.

Você convive com alguém que lhe causa asco.

Vai sofrer uma traição num lugar que costuma frequentar. Evite ir lá por estes dias.

Sua franqueza e temeridade fazem com aja com imprudência.

Ressente-se por qualquer bobagem e guarda rancores profundos, quando mete algo na cabeça, fica cismado e isto tem lhe ocasionado muitas perdas.

Acha que tudo que lhe fazem é por maldade e mal intencionado, esquecendo que, muitas vezes, as pessoas se prejudicam sem querer.

Pague uma dívida que tem com Xangô.

Você tem sido alvo de calúnias.

Uma pessoa de sua amizade tem tentado amarrá-lo, mas, quando pensa que conseguiu, você já se livrou da armadilha.

Tenha cuidado para não ser enganado numa questão de herança.

Agrade a Oxum para resolver problemas relacionados a dinheiro.
Procure mudar a posição de sua cama.
Se o cliente for do sexo masculino, tem que usar um fio de contas de Oxalá e outro de Xangô.
Deve ter cuidado para não ser acometido por uma crise de impotência sexual fora de sua casa.
Você é governado por Xangô, e por isto, tem que agradá-lo muito.

Ebós em Ejilaxebora

Ebó 1

Um galo, dois pombos, doze folhas de babosa, doze pedacinhos de ori-da-costa, doze pedaços de coco seco, doze grãos de ataré, um alguidar, doze folhas de mamona, doze búzios, um charuto de boa qualidade, dendê, mel, oti, pó de peixe defumado, pó de ekú defumado, doze grãos de lelekum e pó de efun.

Sacrifica-se o galo para Exu e coloca-se dentro do alguidar. Passa-se no corpo do cliente e vai-se arrumando no alguidar, em volta do galo, as folhas de babosa e os búzios. Rega-se com mel, oti e dendê, cobre-se com pó de peixe e pó de ekú. Pega-se as folhas de mamona e, sobre cada uma delas, coloca-se um pedaço de coco, em cima de cada pedaço de coco um pedacinho de ori, um grão de ataré e um de lelekum, e com isto se faz doze trouxinhas. Passa-se as trouxinhas no cliente e vai-se arrumando no alguidar. Por fim, passa-se os pombos e solta-se com vida. O ebó é arriado dentro de uma mata, e o charuto, depois de aceso, é colocado em cima de tudo.

Ebó 2

Um cabrito, duas galinhas, doze búzios, dez pedaços de ferro que se assemelhem a garras.

Sacrificam-se os bichos a Elegbara, deixando o ejé correr sobre as garras de ferro. Despacha-se o carrego, deixando que as garras permaneçam no igbá de Elegbara durante doze dias, findos os quais, as garras são retiradas e entregues ao cliente, que deve levá-las para casa e guardá-las como amuleto que lhe conferirá força e poder de realização.

Este ebó é aplicado para pessoas que não conseguem emprego, ou meio de subsistência para si e para os seus. Feito o ebó, seus caminhos se abrirão e oportunidades deverão surgir em sua vida.

Ebó 3

Gordura de coco, cebola, pimentão vermelho, camarão seco, cominho, orégano, louro verde, tomates, quiabo, farinha de acaçá, azeite de dendê.

Trata-se de um adimú para Xangô. Pica-se a cebola, o pimentão, os tomates e os quiabos (estes em rodelinhas bem finas). Coloca-se a farinha para cozinhar, com água, em fogo brando, deixando engrossar um pouquinho. Numa panela à parte, coloca-se uma colher de gordura de coco, uma pitada de cominho, uma de orégano, a folha de louro, a cebola picadinha, o pimentão e o tomate, espera-se cinco minutos e acrescenta-se o camarão seco, o quiabo e o mingau que foi cozido em separado. Coloca-se um pouco de dendê (se possível, a pasta chamada bambarra). Deixa-se cozinhar em fogo brando por aproximadamente uma hora. Quando estiver cozido, retira-se do fogo e se derrama tudo numa gamela, separando-se uma porção num alguidar para ser oferecida a Elegbara. Depois de entregar-se a parte de Elegbara, oferece-se o adimú nos pés de Xangô, sacode-se o xeré e vai-se pedindo o que se quer em voz baixa, cabeça no chão diante do adimú. Acendem-se duas velas e, no dia seguinte, levanta-se o adimú e se leva aos pés de uma palmeira ou dendezeiro (MARTINS, 2002).

Este trabalho é indicado para obter-se coisas consideradas impossíveis, em qualquer situação.

Eji Ologbon

Significados e interpretação
Eji Ologbon é o 13º Odu no jogo de búzios e o 2º na ordem de chegada do sistema de Ifá, onde é conhecido como Oyeku Meji.

Responde com treze búzios abertos.

Em Ifá, é conhecido, entre os Fon, como "Yeku Meji", palavra cuja etimologia é diversificada. O termo Ye (aranha) ku (morte) evoca a ideia de ser, a aranha, um animal de mau agouro, prenunciador de morte. O sentido da palavra pode ser, segundo alguns babalaôs, o seguinte: "Tudo deve retornar depois da morte".

Este Odu possui ainda, diversos nomes honoríficos pelos quais alguns sacerdotes preferem evocá-lo: Alagba Baba Egum (Velho Pai dos Eguns) e Alagba Baba Mariwo (Velho Pai do Mariwo), títulos que designam o chefe vivo dos Egungun, de quem Oyeku Meji é o chefe espiritual; os nomes fon Ye-Ku-Ma-Yeke (Nós somos compostos de carne e de morte) e Zã-Ki (O Dia está morto, expressão usada pelos arautos do Abomey, para anunciar a morte do rei); e o iorubá Jioye ou Ejioye (Duas mães), evocando a dualidade Céu e Terra.

Sua representação indicial em Ifá é:

```
I I   I I
I I   I I
I I   I I
I I   I I
```

Que corresponde, na geomancia europeia, à figura denominada "Populus" (Multidão).

Este Odu é composto pelos Elementos Terra sobre Terra, o que indica a saturação total, o esgotamento de todas as possibilidades de acrescentar-se algo, o fim de um ciclo, a morte.

Corresponde ao ponto cardeal Oeste e seu valor numérico é 16.

Suas cores são o negro, o branco nacarado e o cinza prateado.

É um Odu feminino, representado esotericamente por um círculo inteiramente negro, o contrário de Ejionile. Eji Ologbon é a noite, o inverso do dia, a morte, o inverso da vida.

Existem dúvidas sobre quem é o mais velho, Eji Ologbon ou Ejionile. Alguns adivinhos afirmam que este foi o primeiro Odu a ser criado, tendo perdido seu lugar para seu irmão Ejionile pelo simples fato de que as trevas (Eji Ologbon) existiam antes que fosse criada a luz (Ejionile).

Por outro lado, Eji Ologbon, representando a morte, não poderia existir antes que houvesse algum tipo de vida (Ejionile), o que nos leva a concluir que estes dois Odus teriam surgido simultaneamente. Quando Ejionile veio à Terra, não existia a morte, Eji Ologbon aqui a introduziu e dele depende o chamamento das almas e sua reencarnação após cada morte.

Eji Ologbon é essencialmente o contrário de Ejionile, ou sua complementação. Representa o ocidente, a noite e a morte.

Eji Ologbon participa dos rituais fúnebres e está sempre presente nas guerras disseminando a morte. É ele que comanda a abóbada celeste durante a noite e o crepúsculo.

Foi este Odu que ensinou os homens a alimentarem-se de peixe.

Um itan contido no Tratado de Ifá narra que, pouco depois de sua chegada à Terra, começou a chover e, junto à chuva, caíram do céu várias espécies de peixes, que foram levados aos lagos e rios por diversos cursos d'água. Eji Ologbon, então, disse aos homens surpresos: "Nada existe de misterioso nisto, estes animais são comestíveis e foi o céu quem os enviou. Podem, portanto, comê-los sem qualquer receio." Maupoil (1981) se refere vagamente a esta lenda em sua obra.

Além dos peixes, este Odu teria trazido ao mundo todos os animais noturnos, assim como os nós das madeiras e das cordas, o chifre do rinoceronte, o couro do crocodilo etc.

Representa tudo o que é neutro, ineficiente, fatal. O conformismo, a coisa comum, tudo o que é próprio do indivíduo sem importância. Aquilo que cai, que se decompõe. É o declínio do Sol, o final do dia, o fim de uma etapa, a saturação total, a noite que se aproxima, a morte.

Pode prenunciar um acontecimento nefasto, uma notícia desagradável, um falecimento, uma condenação na justiça. Determina sempre o fim radical de uma situação, o que pode ensejar o surgimento de uma condição inteiramente nova.

Os filhos deste Odu são pessoas dóceis, de temperamento mórbido, que preferem ser dirigidas e orientadas por alguém em quem depositam confiança cega.

Preferem as coisas simples, mas de muito bom gosto, conseguindo reunir, desta forma, simplicidade à beleza e à praticidade.

Preferem viver em grupo e vivenciam, com muita intensidade, os problemas do grupo de que fazem parte. São aquelas pessoas que só se sentem bem em locais repletos de gente, passeatas, estádios lotados, ruas movimentadas etc.

Intelectualmente receptivos, têm a capacidade de acumular uma infinita quantidade de conhecimentos sobre os mais variados assuntos. Independentemente disto, são incapazes de formularem teorias ou ideias próprias e, quando o fazem, suas opiniões assumem aspectos negativos ou demasiadamente místicos.

Saudações de Eji Ologbon
Em fon:
    Mi kan Yeku Meji
    Ma ku zan do mi o!
Tradução:
    Saudemos Oyeku Meji
    Para que as trevas da noite não caiam sobre nós!
Em nagô:
    Ejiologbon obetiti omó ki.

Eji Ologbon em irê

Quando em irê, Eji Ologbon pode indicar principalmente: mudanças para melhor, fim de uma situação desagradável, boa orientação de alguém que deve ser seguida, desmascaramento de certa pessoa que vem agindo com falsidade, intuição correta, capacidade de convencer, eloquência, fidelidade no amor, neutralidade em relação a uma briga ou disputa envolvendo outras pessoas.

Eji Ologbon em osôbo

Em osôbo, este Odu pode indicar: ineficiência, incapacidade de tomar decisões, queda de situação, morte do cliente ou de uma pessoa ligada (fala principalmente da morte de pessoas do sexo feminino), notícia ruim que está para chegar, rompimento definitivo de qualquer tipo de relação, fim de uma situação agradável, esgotamento de possibilidades e de recursos.

Em osôbo arun, indica problemas relacionados com as vistas, o estômago, doenças do aparelho digestivo em geral, da bexiga, do útero. Indica, ainda, quedas de temperatura do corpo, perturbações emocionais e/ou psíquicas, anemias, obsessões, alucinações fantasmagóricas.

Neste odu falam as seguintes divindades:
Voduns (jeje): Gbaadu, Kututo, Dã, Sakpata e Hevioso.

Orixás (nagô): Nanã, Iyami Oxorongá, Omolu, Obá, Olokun, Iansã, Oxóssi, Ogum, Exu, Egum e Orí.

Interdições de Eji Ologbon

Eji Ologbon proíbe aos seus filhos: o uso de perfumes muito fortes e ativos, a ingestão de alimentos demasiadamente condimentados ou de sabor muito forte, a carne do antílope, de veado e de qualquer ave de rapina, o uso de roupas vermelhas e o cultivo, em suas casas, de plantas que produzem espinhos, como roseiras, cactos, paineiras etc.

Os naturais deste Odu não podem, sob nenhum pretexto, destruir, seja por fogo ou por veneno, qualquer tipo de formigueiro. O vinho de palma (emú) também lhes é proibido.

Para manterem seu signo em irê, devem banhar-se com folhas de cabaceira e algas. A pérola negra e o quartzo fumado são excelentes catalisadores das vibrações positivas deste Odu, servindo, portanto, como poderosos amuletos para seus filhos.

Sentenças de Eji Ologbon

1 — A NODOSIDADE DA ÁRVORE NÃO MATA A ÁRVORE, O NÓ DA CORDA NÃO MATA A CORDA, A ASPEREZA DO COURO DO CROCODILO NÃO MATA O CROCODILO.

O consulente escapará de doenças, de acidentes e de seus inimigos.

2 — UM PEIXE CAIU DO CÉU NO PAÍS DE ALAGBÁ E TODOS GRITARAM: "É A MORTE! É A MORTE!" IFÁ ENTÃO LHES DISSE: "PEGUEM ESTES PEIXES E TRATEM DE COZINHÁ-LOS. A MORTE JAMAIS SABERÁ O QUE HÁ DENTRO DELES!"

O cliente ficará curado da doença que o atormenta.

3 — A VIDA É UMA MUDANÇA CONSTANTE, MAS O CAMALEÃO, JAMAIS SE VESTIRÁ COM UM SÓ PANO.

Referência à capacidade do camaleão de mudar de cor, confundindo-se com a superfície sobre a qual se encontre. O rico de hoje, poderá ser o mendigo de amanhã e vice-versa.

Mensagens de Eji Ologbon

SENTENÇA: QUANDO EXISTE ENFERMIDADE NO CORPO, O SANGUE TAMBÉM ADOECE.

Este Odu assinala que você pode estar doente do sangue, o que se manifesta pelo surgimento de erupções ou caroços na pele.

Fala de doenças adquiridas por contágio ou por hereditariedade.

Você está atravessando uma situação muito difícil por ser desobediente e teimoso.

Não seja curioso nem maltrate os cães.

Quando você estava no ventre de sua mãe, alguém lançou uma maldição sobre ela. Esta maldição ficou sobre sua cabeça e até hoje o acompanha.

Existem dúvidas em relação a uma paternidade.

Não se deixe envolver por um problema familiar que resultará em tragédia.

Uma donzela é seduzida e desvirginada.

Você tem tendências a assumir atitudes insanas que põem em risco sua reputação e sua honra.

Alguém, obstinadamente, pede sua morte.

Atenda aos seus Orixás para livrar-se de Ikú.

Você tem um problema de herança de santo que só será decifrado com a ajuda de um babalaô.

Não cruze as mãos sobre a cabeça, isto atrasa sua vida e lhe traz osôbo.

Cuidado para não ser acusado de roubo.

Às vezes você sente vontade de sair andando sem rumo.

Seria muito bom que você mudasse para outra cidade.

Omolu caminha com você passo a passo.

Você precisa assentar Omolu.

Prepare um saquinho cheio de milho, amarre com uma tira de palha da costa e pendure atrás da porta de sua casa, para ter a proteção de Omolu.

Uma grande mudança, que poderá ser para melhor ou para pior, ocorrerá em sua vida. Tem que pesquisar do que se trata.
Uma situação que chega ao fim, saturação total e absoluta impossibilidade de dar continuidade a alguma coisa.
Ofereça um adimú a Nanã.
Você custa a tomar uma atitude, fica indeciso e prefere agir sob a orientação de alguém em quem confie.
É inteligente e tem boas ideias, mas não consegue colocá-las em prática sem o auxílio de outros.
Prefere ser comandado a comandar.
Gosta de viver em grupo e de frequentar lugares onde se reúnem muitas pessoas.
Não suporta a solidão e o isolamento.
Para ter sorte na vida, deve morar perto do mar, de rio ou de lagoa.
Sua casa é frequentada por muita gente e você tem muitos amigos.

Ebós em Eji Ologbon

Ebó 1

Um peixe fresco, 13 pãezinhos, um alguidar, um pedaço de pano preto, um pedaço de pano branco, pó de peixe e de ekú defumado, dendê, mel e vinho tinto.

Passa-se o peixe na pessoa e coloca-se dentro do alguidar, passa-se os pães na pessoa e arruma-se em volta do peixe. Rega-se tudo com mel, dendê e vinho. Salpica-se os pós sobre tudo. Passa-se o pano preto nas costas da pessoa e coloca-se dentro do alguidar. Passa-se o pano branco na frente e com ele embrulha-se o alguidar. Despacha-se nas águas de um rio ou de uma lagoa (MARTINS, 2002).

EBÓ 2
Uma tigela ou alguidar de barro, bastante milho branco.
Coloca-se o milho na tigela, passa-se no cliente e oferece-se a Elegbara, repetindo por três vezes o cântico do itan. Acende-se uma vela e deixa-se nos pés de Exu por três dias, depois dos quais, despacha-se nas águas de um rio.
Indicado para pessoas que desejem obter o perdão de alguém a quem tenham ofendido ou prejudicado sem intenção.

Ika Meji

Significados e interpretação
Iká Meji é o 14º Odu no jogo de búzios e o 11º na ordem de chegada do sistema de Ifá, onde é conhecido pelo mesmo nome.
Responde com quatorze búzios abertos.

Em Ifá, é conhecido entre os Fon como "Ka Meji". O nagô o chama por vezes, de Oka, palavra que designa uma serpente venenosa, e refere-se a ele também como "Faa Meji" (dividido em dois), ou "Iji Oka" (duas serpentes).

Iká Meji representa Dan, a serpente (ojo em iorubá). Rege todos os répteis, assim como um bom número de animais que vivem na floresta, como os macacos, os lagartos e certos pássaros, como o tucano, a pomba-rola, uma espécie de pombo selvagem de plumagem esverdeada, o sapo, a rã, os caramujos, os ouriços, um tatu de tamanho pequeno e todos os peixes. Ika Meji rege todos os animais de sangue frio, aquáticos ou terrestres.

Sua representação indicial em Ifá é:

[[[[[13.tif]]]]]

Que corresponde, na geomancia europeia, à figura denominada "Rubeus" (Vermelho, rubro).

É um Odu composto pelos Elementos Água sobre Terra, com predominância do primeiro, o que indica que o objetivo é, em si mesmo, o obstáculo que se renova permanentemente, provocando a necessidade de se reiniciar a tarefa e a consequente revolta do indivíduo contra a sua própria condição e contra o mundo, que passa a considerar injusto e mal feito.

Criou a piedade e o amor filial. Ao contrário do que algumas pessoas pensam, não se ocupa da fecundação, e sim dos abortos e da falsa gravidez.

É tido como o signo que mata as crianças, provocando abortos, sempre acompanhados de hemorragias incontroláveis, o que pode ser evitado por ebós específicos a ele relacionados.

Os macacos vieram ao mundo sob este signo, que é o Odu principal dos gêmeos selvagens (Zun Hoho). Seu aparecimento na consulta de uma mulher grávida, pode prognosticar portanto, o nascimento de gêmeos.

Corresponde ao ponto cardeal Lés-sudeste e seu valor numérico é 12.

Suas cores são o vermelho, o negro e o azul. É um Odu masculino, representado esotericamente por uma serpente.

Morfologicamente Ika Meji exprime a ideia de algo que esteja prestes a explodir, uma granada, uma bomba, uma caldeira... e esta ideia se estende a situações de aspecto explosivo como uma greve, uma briga ou uma situação insustentável.

Determina conquista pela força, sem tréguas nem piedade.

Os naturais deste Odu são pessoas impulsivas, corajosas e quase sempre violentas. Ativas e perspicazes, costumam deixar-se levar mais pela paixão que pela razão, tomando atitudes inesperadas e corajosas. São heróis em potencial que, sem medir consequências, não hesitam diante do perigo.

Saudações de Ika Meji
Em fon:
    Mi kã Ka Meji
    Emi do gã to,
    Hun kun-nõ do gã to,
    Bo nun se wo.
Tradução:
    Saudemos iká Meji
    Que ao atravessarmos o rio
    Nossa canoa não naufrague!
Em nagô:
    Ikú kati, kati, ko ka mi,
    Janka awo yika akao.
Tradução:
    Morte conte, conte, mas nunca conte comigo,
    Esta é a fuligem que envolve as espigas de milho.

Ika Meji em irê

Quando em irê, Iká Meji pode indicar principalmente: vitória sobre os inimigos, controle sobre uma situação tumultuada, coragem para enfrentar um problema, sorte com o sexo oposto, conquista amorosa.

Ika Meji em osôbo

Em osôbo, este Odu pode indicar: tumultos, envolvimento com polícia, inimigos declarados e perigosos, crimes sexuais, violência, agressões impostas ou sofridas, revolta, filho adulterino.

Em osôbo arun, indica quase sempre: impotência, frigidez, atrofias e inflamações musculares, problemas do fígado e da vesícula, interrupção do fluxo sanguíneo ou menstrual, doenças de pele (erupções), rubéola, sarampo, inflamações externas, desarranjos intestinais, hemorragias seguidas de aborto.

Neste odu falam as seguintes divindades:
Voduns (jeje): Hohovi, Hevioso, Dã, Lisa, Gu, Loko.
Orixás (nagô): Oxumarê, Xangô, Ogum, Iroco e Ibeji.

Interdições de Ika Meji

Iká Meji proíbe aos seus filhos: peixe defumado, carne de serpente, de jacaré, de pangolim e de macaco (a violação desta última interdição, é punida com a morte), a batata doce e o vinho de palma. São proibidos de beber, seja o que for, em cabaças.

Sentenças de Ika Meji

1 — A PEQUENA CABAÇA, ONDE SÃO GUARDADOS OS TALISMÃS, CAI NA ÁGUA MAS NÃO AFUNDA.

Se o consulente caiu diante de qualquer situação negativa, em breve se reerguerá.

2 — AQUELE QUE CAIU NAS ÁGUAS DE UM RIO NÃO PRECISA DE UMA CABAÇA PARA LEVAR ÁGUA AOS SEUS LÁBIOS.
A fortuna do consulente foi adquirida com muita maldade.
3 — JAMAIS FALTARÁ OURO AOS OLHOS DO LEOPARDO.
O cliente ficará rico.

Mensagens de Ika Meji
SENTENÇA: QUANDO CHOVE, O SAPO SE ABRIGA EM BAIXO DA PEDRA.
Você participou de uma cena de violência, quer seja como autor, quer seja como vítima.
Está envolvido numa situação insustentável que terminará como um motim, de forma violenta e explosiva.
Vive perigosamente, como que sentado num barril de pólvora.
Se for mulher, já foi estuprada ou sofreu uma ameaça de estupro.
Alguém que o odeia profundamente tentará contra a sua vida usando arma de fogo.
Seu apetite sexual é exacerbado, e isto pode provocar uma tragédia em sua vida.
Um homem jovem e de caráter violento está lhe criando sérios problemas que você não sabe como solucionar.
Oxumarê está pronto a lhe auxiliar; ofereça-lhe um adimú.
Não ande armado e evite locais onde se praticam a prostituição ou qualquer tipo de jogo, mesmo os jogos esportivos.
Você será ferido e seu sangue derramado num local onde a multidão fará um protesto.
Evite passeatas, comícios e manifestações públicas de protesto.
Procure um babalaô, Orunmilá precisa de seus préstimos.
Assinala caminho de babalaô, você tem que fazer Ifá.

Receberá a notícia de um acidente com morte lhe trazendo grande constrangimento.

A mulher é violentada pelo próprio marido e já o foi por um parente bem próximo.

Avisa a morte, por ferro e fogo, de um ente querido.

Tem que fazer ebó para limpar-se do osôbo e dar comida a Oxumarê.

Tem que cuidar de Iemanjá e de Orunmilá.

A mulher tem que receber akofá, assentar Orunmilá, Elegbara e os Guerreiros.

Você abusa de sua autoridade e a usa para pisar e humilhar os subalternos.

Mude sua atitude para não se tornar escravo de quem escraviza hoje.

Você sairá vitorioso de uma disputa em que se meteu, mas para isso, terá que agir com muita energia.

Pense duas vezes antes de tomar uma decisão. A impetuosidade poderá custar a sua vida.

Os recursos de que dispõe são insuficientes para o projeto que tem em mente. Prepare-se melhor para não fracassar.

Outras pessoas tiram proveito do seu sacrifício, o que lhe provoca muita revolta.

Tudo o que você faz só beneficia os outros, que nem ao menos reconhecem o seu valor.

Um amigo em quem confia está lhe traindo e faz tudo para prejudicá-lo.

Uma mulher traída e desprezada é mais perigosa do que uma serpente ferida. Tenha muito cuidado.

Não discuta com ninguém nem aceite desafios. Aja com a cabeça e aguarde o momento certo.

Sua cabeça é boa e de conquistas, mas o seu mau gênio atrapalha tudo.

Por duas vezes já quiseram lhe matar; na terceira, por certo, conseguirão.

Ebós em Ika Meji

Ebó 1

Um galo, duas quartinhas com água, 14 grãos de milho, 14 grãos de ataré, 14 favas de bejerekun, 14 grãos de lelekun, um alguidar, um pano branco, 14 moedas, uma mecha de pavio de lamparina, um obi, um orogbo, 14 ovos e 14 acaçás.

Enchem-se as quartinhas com água de poço, sacrifica-se o galo para Exu e arruma-se no alguidar. Passam-se os demais ingredientes na pessoa e vai-se arrumando dentro do alguidar (os ovos são quebrados). Derrama-se a água das quartinhas, uma sobre o ebó e a outra na terra. Despacha-se em água corrente (as quartinhas não precisam ser despachadas).

Ebó 2

Uma galinha, um galo, uma batata-doce, um inhame e 14 caurís.

Os animais são soltos com vida, depois que a batata e o inhame forem arriados com os búzios ao redor.

Ebó 3

Duas cabaças pequenas cortadas ao meio, lentilhas, feijão pintado, um cabo de enxada, dois pombos, dois obis, osum e efun.

Abertas as cabaças, coloca-se dentro da primeira as lentilhas cruas e um obi. Na segunda cabaça, coloca-se o feijão cru e o outro obi. Sacrifica-se o primeiro pombo na cabaça com as lentilhas e arruma-se dentro, cobre-se com pó de osum, tapa-se com a parte de cima, embrulha-se em pano vermelho e deixa-se de lado. Na segunda cabaça, com o feijão pintado e o outro obi, sacrifica-se o segundo eiyelé, cobre-se com pó de efum e embrulha-se em pano branco. As duas cabaças são amarradas, uma em cada ponta do cabo de enxada, ficando diante de Legba de um dia para o outro. Na manhã do dia seguinte, leva-se tudo e despacha-se nas águas de um rio.

Indicado para pessoas que estejam sendo desprezadas ou que estejam perdendo prestígio em qualquer situação.

Ebó 4

Leite de cabra, um talo de qualquer tipo de palmeira, ekú defumado, àkeré defumado, acaçá, uma panela de barro, sabão da costa.

(Indicado para obter simpatia das pessoas, para sorte na vida e nos negócios)

Torra-se o talo de palmeira e mói-se para fazer pó. Faz-se o mesmo com o ekú e o àkeré defumados. Coloca-se os pós obtidos numa panela de barro, misturados com leite de cabra, e deixa-se ferver. Depois de frio, prepara-se um acaçá de leite com esta mistura. Pega-se o sabão da costa e mistura-se um pouco de cada um dos três pós (uma quantidade suficiente para sete banhos); coloca-se o sabão numa panelinha de barro e imprime-se a marca de Ika Meji sobre ele. O acaçá é oferecido a Elegbara, devendo permanecer diante de seu igbá por sete dias. Neste período, retira-se uma pequena porção do sabão preparado e toma-se banho com ele. Antes de cada banho, acende-se uma vela no chão do banheiro e recita-se a seguinte oração:

Akínlódún n'ló si ilú ilódún.
Akínlódún n'ló si ilú Ilomú Apààsà,
Ope-Yeketé n'ló sílomu Alágunu.
Ará Ilemu Alágunnu,
Eró Ilomú Apààsà,
Edá lo ní kée dà temi ní rere!
Ohun rere làkeré fí í pojo!
Ohun réré tákereé bá fi pojo,
N'mi Olodumare ó gbá á mú!
Eni ó múú rí,
E sàánúu mi!
Eni ó m'mú rí!
Ayàmo bénikan o múmú rí!
Eni ó múmú rí!
E sánuú mi!
Eni ó múmú rí!

Tradução:
Akinlodun está indo para a cidade de Ilodun.
Akinlodun está indo para a cidade de Ilomu Apaasá.

Ope-Yekete está indo para a cidade de Ilomu Alagunnu.

Habitantes de Ilomu Alagunnu,
Habitantes de Ilomu Apaashá,
É Eda que diz para que as nossas coisas sejam de sorte.

É com boa voz que a rã chama a chuva.
Com aquela que
Olodumare aceita.
Pessoa que já mamou,
Tenha simpatia por mim.
Pessoa que já mamou,
A não ser que nunca tenha mamado,
Pessoas que já mamaram,
Tenham simpatia por mim.
Pessoas que já mamaram.

Obeogundá

Significados e interpretação

Obeogundá é o 15º Odu no jogo de búzios e o 14º na ordem de chegada do sistema de Ifá, onde é conhecido como Irete Meji.

Responde com quinze búzios abertos.

Em Ifá, é conhecido entre os Fon como "Lete Meji". Chama-se ainda, segundo alguns nagôs, "Oji Lete" ou "Oli Ate", significando o oráculo da Terra. Em iorubá irê Te = "a Terra consultou Ifá".

Sua representação indicial em Ifá é:

```
  I   I
  I   I
I I   I I
  I   I
```

Que corresponde, na geomancia europeia, à figura denominada "Puer" (Rapaz). Obeogundá é um Odu composto pelos Elementos Fogo sobre Água, com predominância do primeiro, o que indica que o dinamismo inicial transforma-se em auxílio poderoso, mas que o benefício auferido será sempre em favor de outrem. É o macho que luta e se sacrifica em benefício da fêmea. A atividade é impulsiva e independe da vontade do agente. Na geomancia é considerado "o sem juízo". Corresponde ao ponto cardeal Nordeste e seu valor numérico é 3.

Suas cores são o vermelho vivo, o negro, o cinzento, o azul e o branco.

É um Odu masculino, representado esotericamente por um quadrado dentro de um círculo. O círculo representa o desconhecido e o quadrado representa o domínio do que conhecemos, o mundo material, a Terra.

O círculo, representação de tudo o que desconhecemos, chama-se "Wéké", "Wéké-Non", mestre do oculto e um dos nomes honoríficos de Lisa e de Dãgbada Hwedo. Gbe designa tudo o que é perceptível aos nossos sentidos, a vida, da forma que a percebemos. "Gbé-To", Pai da Vida — Aquele que Comanda — Pai da Criação Visível (MAUPOIL, 1981).

Irete é o signo da Terra e de domínio terrestre; desta forma, tudo o que está morto lhe pertence, mas a morte é propriedade de Oyeku Meji.

Este Odu traz os abscessos, os furúnculos, a varíola, as febres eruptivas e a lepra[9]. Seu nome não deve, jamais, ser pronuncia-

---

[9] A lepra é chamada "adete" em iorubá e "gudu" em fon. Os fon, jamais se referem à lepra por este nome, preferindo chamá-la de "Azon-Vo" — o mal vermelho.

do junto com o de Oxe Meji. "Bokonon ma do o" (Um adivinho não pode dizer isto), afirmam os fon em referência ao nome dos Amolus gerados no encontro destes dois Odus.

Influencia os corpos humanos, provocando atividade excessiva das funções fisiológicas e da vida celular, ocasionando febres, congestões, irritações e enfermidades inflamatórias.

É uma figura quase sempre negativa, que, respondendo *não*, anuncia tempos ruins. Crises agudas, traumatismos, ferimentos por acidentes, hematomas e pancadas também são causados por sua atuação.

Seus filhos são sempre impulsionados pelo desejo de conquista e de domínio, não hesitando em, para isto, assumirem atitudes ameaçadoras que visam manter controle permanente sobre a situação. São pessoas corajosas, audazes e presunçosas, mas muito solícitas e prontas a socorrer tantos quantos necessitem de seus préstimos.

Possuem caráter altivo, sarcástico e indisciplinado. São amantes do trabalho e batalhadores entusiastas.

Saudações de Obeogundá
Em fon:
> Mi kan Lete Meji,
> Emi ku na ku ku vaun o!

Tradução:
> Eu saúdo Irete Meji,
> Para que a morte não nos carregue subitamente!

Em nagô:
> Obeogunda iba e ô!
> Ikú ko ka mi!

Obeogundá em irê
Quando em irê, Obeogundá pode indicar principalmente: amor correspondido, domínio absoluto de uma situação, influência, respeito, auxílio poderoso, dinamismo.

Obeogundá em osôbo

Em osôbo, este Odu pode indicar: falta de juízo, atitudes egoístas, indisciplina, uma aventura que terá um final desastroso, violência, ciúmes, cólera incontrolável, violência sexual, estupro.

Em osôbo arun: impotência sexual, atrofia muscular, inflamações intestinais, febres eruptivas, lepra, varíola, hepatite, lesbianismo.

Neste odu falam as seguintes divindades:
Voduns (jeje): Kenesi, Gbaadu, Gu, Na, Sakpata, Dã, Hevioso.
Orixás (nagô): Omolu, Ogum, Xangô, Obá, Iemanjá, Igbadu.

Interdições de Obeogundá
Este Odu proíbe a seus filhos: a tintura azul usada para preparar o índigo conhecida como "uáji", feijão descascado, pilado e temperado com azeite de dendê, feijão de casca vermelha e suas folhas, galinha-d'angola, pombo, farinha de acaçá, certo molho denominado "hlohlo", preparado à base de milho e banana-da-terra. Todo animal encontrado já morto, as espécies de antílope té, agbãli e zungbo (que têm o pelo avermelhado), o leopardo, a farinha feita de milho ou de sorgo, a farinha de inhame, a serpente, o cão, as coisas que são oferecidas a Dã e a Nanã e a carne de macaco.

Sentenças de Obeogundá
1 — SE UM BABALAÔ SABE FAZER CORRETAMENTE SEUS SACRIFÍCIOS, DE ONDE ESTIVER, CONSEGUIRÁ QUALQUER COISA. O SOL NÃO CASTIGA AQUELE QUE PROCURA A SOMBRA.
  Os inimigos não poderão tomar nada do consulente, que desta forma, preservará tudo o que lhe pertence.

2 — O dinheiro pertence ao acaso, os panos pertencem ao acaso, os filhos pertencem ao acaso, as mulheres pertencem ao acaso. Aquela contra quem nada se pode (a Terra), pode insultar os órgãos genitais da mãe da morte e continuar vivendo.

O consulente está a salvo. Este signo é dispensador de muita coragem. Todos os que nascem sob ele, desconhecem o medo, seja do que for. Chegam mesmo a zombar da própria morte, insultam-na e ela nada pode contra eles.

3 — Alguém perguntou: "O que faz a Terra para não morrer?" E ela respondeu: "Eu abriguei Ifá e encontrei Irete Meji".

O consulente não tem motivos para se preocupar com a morte.

Mensagens de Obeogundá

Sentença: A mesma força que movimenta é a que paralisa.

Você é uma pessoa ingênua e que não vê a maldade do mundo.

A sua ingenuidade faz com que confie em todo mundo, principalmente naqueles que não merecem a sua confiança.

As pessoas lhe elogiam pela frente, agradam e, depois que obtêm o que desejam, zombam de você pelas costas.

Seu grande defeito é a vaidade. É por aí que o atingem.

Está sempre pronto a receber, de braços abertos, até mesmo aqueles que já o tenham traído.

Perdoa e esquece, com muita facilidade, todo o mal que lhe fazem.

Tem que tomar um borí e assentar Obatalá.

Tem que agradar Ogum e Euá.

Sofre da vesícula, sente dores e acidez no estômago.

O mal está em sua boca, evite talheres de metal.

Não consegue agir de agir de má fé com ninguém.

Existe um Egum que o persegue porque quer ser tratado. Cuide deste Egum, acenda-lhe velas e peça a sua proteção.
Tem que assentar Azawani.
Tem cargo dentro do santo. Procure saber qual é.
Tem que se iniciar no culto de Orunmilá, ser apetebí ou babalaô.
Tem que cultuar Babá Ajalá para obter uma boa cabeça.
Tem que assentar Exu Ijelú e cuidar dele para receber sua proteção.
Tenha muito cuidado para não agredir alguém com uma arma branca.
Sua relação amorosa sofre oposição de terceiros que desejam sua separação.
Se for homem, tem problemas de impotência e precisa fazer ebó para que o problema não se agrave.
Se quiser reatar com alguém a quem ama, ofereça um galo branco a Exu Ijelú.
Cuide muito bem de sua casa e não brigue com seu cônjuge.
Sua vida está atrasada porque desmancharam um assentamento de Orixá que lhe pertencia.
Tem que assentar Oxum.
Não deve beber bebidas alcoólicas. Não pode comer pombo.

Ebós em Obeogundá

Ebó 1
Um alguidar cheio de pipoca, dentro do qual se sacrifica um galo branco. No mesmo alguidar coloca-se: um orogbo, um obi, uma fava de ataré, mel, dendê, vinho branco, uma faquinha pequena, um caco de louça, uma pedra de rua, uma pedra de rio, uma pedra do mar e um bonequinho de qualquer material. Arria-se tudo num caminho de terra que saia num rio. Não se pas-

sa nada no corpo do cliente e é ele quem deve arriar o ebó e fazer os pedidos, enquanto acende 14 velas ao redor. Os pedidos são feitos a Exu (MARTINS, 2002).

Ebó 2

Sacrifica-se dois pombos, duas galinhas e dois cabritos para Orunmilá. O signo Irete Meji, é riscado no Iyerosun, que é depois salpicado sobre os animais sacrificados. O ebó deve ser enterrado num buraco dentro de uma mata. Faz-se a saudação (cântico) de Irete Meji antes e depois do sacrifício. Saúdam-se também os dezesseis Meji sobre o Opon, usando o Irofá e dentro do preceito. Depois de enterrado o carrego, faz-se uma prece.

Indicado para pessoas que se encontrem em osôbo Ikú. Este ebó só pode ser feito por babalaô.

Aláfia

Significados e interpretação

Aláfia é o 16º Odu no jogo de búzios e o 13º na ordem de chegada do sistema de Ifá, onde é conhecido pelo nome de Otura Meji. Responde com dezesseis búzios abertos.

Em Ifá, é conhecido entre os Fon (jeje) como "Tula Meji", "Otula Meji" ou "Otura Meji". Em iorubá é denominado por vezes, "Otuwa", que significa: "Tu estás de volta". É conhecido, também, pelo nome de "Aláfia".

Este Odu é considerado como o mestre das línguas. Por conseguinte, as pessoas nascidas sob ele costumam ser faladoras e ter duas palavras.

Sua representação indicial em Ifá é:

```
 I    I
I I  I I
 I    I
 I    I
```

Que corresponde, na geomancia europeia, à figura denominada "Puella" (Menina).

Aláfia é um Odu composto pelos Elementos Ar sobre Fogo, com predominância do primeiro, o que indica a hesitação do ser, diante do domínio dos instintos. É a fêmea que, desejando se entregar, finge resistir. É o devaneio, a vocação artística influenciada pelo sentimentalismo e pelo amor.

É um Odu muito bom, sempre pronto a beneficiar, e que responde afirmativamente, embora prenunciando tempo variável.

Aláfia rege as raças humanas (com exceção da raça negra), a palavra, as roupas longas, a cegueira, a mendicância, as disputas, o grande caramujo ajê, a tartaruga terrestre e os animais inofensivos.

Fala, principalmente, dos muçulmanos.

Tem o domínio da boca e, como Elegbara, diz coisas boas e más.

Representa dois braços abertos, uma vulva pronta a ser penetrada, uma possibilidade de conquista e de prazer, uma acolhida afetuosa e sincera.

Sua influência no corpo humano pode provocar inércia da vida celular ou disfunções fisiológicas, apatia dos órgãos e relaxamento patológico dos tecidos.

Corresponde ao ponto cardeal Sudoeste e seu valor numérico é 5.

Suas cores são o azul, o branco e o dourado, gostando muito de tudo o que é estampado com estas três cores.

É um Odu feminino, representado esotericamente por um busto humano, trajando uma blusa especial usada pelos seguidores do Islã.

Saudações de Aláfia
Em fon:
> Mi kan Tula Meji,
> Nunse ma do azo lin e o!

Tradução:
> Nós saudamos Otura Meji,
> Que as palavras de sua boca
> Jamais sejam para nos acusar!

Em nagô:
> Ejobe Baba
> Mu dilonã!

Aláfia em irê
Quando em irê, Aláfia pode indicar principalmente: vocação artística, sinceridade no amor, amor correspondido, sabedoria, conquista de alguma coisa, prazeres, acolhimento afetuoso, sinceridade.

Aláfia em osôbo

Em osôbo, este Odu pode indicar: domínio dos instintos (as necessidades físicas sobrepujando a razão e induzindo ao erro), falta de determinação para dizer não, pessoa de caráter dúbio, de duas caras, sem palavra.

Neste odu falam as seguintes divindades:
Voduns (jeje): Legba, Odudua, Hohovi, Dã, Gu, Hevioso, Orunmilá.
Orixás (nagô): Orunmilá, Obatalá, Odudua, Elegbara, Aje Saluga.

Interdições de Aláfia
Aláfia proíbe aos seus filhos: possuir um cão ou tê-lo próximo de si. Comer galo, milho assado, inhame pilado, carne de porco e carne de tartaruga. Portar facas ou armas brancas, vestir agbada, fazer uso de tabaco e ser indiscreto.
Recomenda a seus filhos, dar esmolas generosas.

Sentenças de Aláfia
1 — O MESMO BICO QUE COME O MILHO, SERVE PARA CONSTRUIR O NINHO, NÃO DEVENDO SER USADO PARA DESTRUÍ-LO.
O consulente melhorará de vida, mas com suas palavras poderá destruir-se.

2 — O SOL NÃO PODE ALCANÇAR A LUA E FAZER-LHE QUALQUER MAL.
O inimigo não pode fazer nada contra o consulente, por isto, deve ser deixado para lá.

3 — GOVÉ, A PEQUENA FALADEIRA, PROVOCARÁ, COM SUA MALDADE, UMA GUERRA QUE DESTRUIRÁ O PAÍS.

O cliente encontra-se ameaçado pela maledicência de alguém muito falador.

Mensagens de Aláfia

Sentença: Uma venda sobre os olhos esconde o próprio nariz.

Quando sai este Odu, o jogo não pode ser cobrado e, se já o foi, o dinheiro tem que ser devolvido ao cliente.

Você fala bem, sabe convencer, mas muda de opinião com muita facilidade.

Possui duas palavras, uma hora diz uma coisa, outra hora diz outra.

É afetuoso e recebe com muita alegria as pessoas que o buscam.

Deve, sempre que possível, usar roupas brancas ou azuis.

Possui vocação artística, o que deve ser olhado com mais atenção: o seu sucesso pode vir pelas artes.

Ama com sinceridade e, da mesma forma, é correspondido.

Não permita que os instintos dominem a razão. Por aí está sua perdição.

Aprenda a dizer não da mesma forma que sabe dizer sim.

Cumpra com a palavra empenhada para não ser visto como uma pessoa de duas caras.

Seja mais determinado, não hesite, nem permita que outros tomem decisões por você.

Não tenha cães em sua casa, eles lhe trazem osôbo.

Não coma milho assado, carne de porco e carne de tartaruga. Estas são as suas interdições.

Não negue esmolas aos necessitados e, quando as der, seja generoso.

Não fume nem seja indiscreto.

Você não pode portar nenhum tipo de arma. Isto lhe trará um transtorno muito grande.

Você é filho de um Orixá Funfun, provavelmente de Odudua.

Xangô lhe dá proteção permanentemente, procure agradá-lo.

Se for sacerdote de Orixá ou do culto de Orunmilá, tem que assentar Aje Saluga[10].

Não pode comer galo nem inhame pilado.

Faça suas preces de frente para o oriente. Ali está a sua sorte.

Tem que receber Ifá, assentar Orunmilá e Elegbara.

O perigo ronda suas vistas, tenha cuidado para não ficar cego.

Na vaidade se perdem os poderosos.

Não seja vaidoso, deixe aos outros o reconhecimento de suas qualidades.

Você nasceu para ser cabeça, e não pescoço.

Tem que comandar e não ser comandado.

Possui o dom de adivinhação, por isto tem que aprender a jogar.

Se se mantiver sempre em irê, tudo o que tocar se transformará em dinheiro.

Possui o toque de Midas.

Não fale mentiras, não levante falsos testemunhos e mantenha sua moral elevada.

Ande sempre limpo física e moralmente.

Evite lugares sujos, barulhentos e fétidos.

---

[10] Ajê Saluga é o Orixá da fortuna. Este é um dos Orixás do panteão africano que recebem culto e assentamento sem contudo, ser "dono" da cabeça de ninguém, o que significa dizer que este Orixá não pode ser feito na cabeça de quem quer que seja. A mesma regra se aplica a Orunmilá e a diversos outros.

O barulho lhe incomoda e, se alguém grita ou fala alto com você, fica irritado a ponto de perder a calma.

Evite ajuntamentos.

Se você não é feito, terá que fazer o santo o mais depressa possível.

Não permita que sua língua destrua o que sua cabeça constrói.

Tem que fazer ebó para livrar-se dos inimigos.

A inveja atrasa sua vida. Não conte seus planos a ninguém.

Seu maior inimigo come à sua mesa e vive lhe fazendo elogios.

Ebó em Aláfia

Ebó 1

Um peixe pargo, um prato branco fundo, um obi branco de quatro gomos, canjica, 16 moedas, 16 búzios, efun e mel de abelhas.

Passa-se o peixe no corpo do cliente e coloca-se no prato onde já se colocou a canjica. Arrumam-se as moedas e os búzios em volta. Abre-se o obi e coloca-se um pedaço em cada lado. Rega-se tudo com mel de abelhas e cobre-se com pó de efun. Entregar num local com bastante sombra, dentro de uma mata. Resguardo de 24 horas.

Opira

Aqui não se trata de um Odu, senão de uma caída em que todos os búzios aparecem fechados. Não existe mensagem nem interpretação. É um prenuncio de acontecimento nefasto, inevitável e irremediável. Qualquer tipo de osôbo pode estar sendo preconizado.

Quando cair Opira (16 búzios fechados), pode ser um Egum anunciando a morte de alguém. A determinação é de que o jogo deve ser fechado, o que deixa o adivinho sem qualquer recurso oracular, uma vez que nenhum outro sistema divinatório pode ser consultado.

Algumas providências devem ser tomadas para afastar ou aliviar o osôbo que se prenuncia.

O jogo é imediatamente colocado numa tigela com água fresca, onde se acrescentam oito pedacinhos de ori da costa. Prepara-se um ebô. Separa-se a água e se junta um pouco desta àquela da tigela onde estão os búzios. Faz-se sacudimento com folhas apropriadas em toda a casa e nas pessoas que nela se encontrarem. Passa-se um frango ou galinha na casa e nas pessoas, sacrifica-se para Exu Buruku (na rua). Defuma-se tudo e todos com incenso verdadeiro.

Uma parte da água de canjica é separada para que todos se banhem com ela.

A canjica é oferecida a Oxalá e uma parte a Elegbara.

Os búzios devem permanecer em repouso, dentro da tigela, por sete dias, depois do que, são retirados, lavados em água corrente, secos e envolvidos em pó de efun ou atin[11] de Oxalá. Isto feito, pode-se voltar a utilizá-los normalmente.

---

[11] Pó utilizado para afastar negatividade, composto de efun e diversas favas raladas, consagrado a Obatalá.

Glossário

Abreviaturas usadas

(I) — Iorubá — Palavra de origem nagô.
(F) — Fon — Palavra do idioma ewe-fon.
(B) — Brasil — Termo usado nos candomblés brasileiros.
(C) — Cuba — Termo usado nas santerías de Cuba.

A

Abikú. (I) Espíritos que provocam a morte das crianças. Literalmente: "Nós nascemos para morrer". A ação do Abíkú, encarnando-se sucessivas vezes em crianças geradas por uma mesma mulher e provocando sua morte durante a fase de gestação ou logo após o nascimento, mas sempre antes dos sete anos de idade, é tida e havida como uma verdadeira maldição. Periodicamente oferecem-se comidas ritualísticas às crianças Abíkú, produzidas principalmente com feijões e óleo de palma. Acredita-se que, durante estes festivais, os espíritos Abíkú se apresentam e, ao participarem do evento, são apaziguados.

Adimú. (I) Presente que se dá a um Orixá ou qualquer outra entidade do culto e que não importa em sacrifício com sangue.

Adisin. (F) Substância vegetal, de cor azul, da qual é extraído o índigo. É o mesmo uáji dos nagôs, muito utilizado em pinturas e outros procedimentos ritualísticos.

Agbanli. (F) Tipo de antílope das estepes africanas.

Agbe. (I) Ave de grande porte, natural do continente africano, cujas penas de coloração vermelho-vinho são muito utilizadas em procedimentos ritualísticos.

Age. (F) (Pronuncia-se "águe"). Vodum caçador, semelhante em atributos ao Orixá Oxóssi dos nagôs.

Ago. (I) Pedido de licença, de permissão.

Aiku ou ariku. (I) Não ver a morte, não correr o risco de morrer, ter vida longa.

Aiyá. (I) Esposa, mulher, concubina.

Ajé. (I) Feiticeira, bruxa, espírito feminino maligno.

Ajê. (I) Fortuna, riqueza. Nome de um Orixá (Aje Saluga), tido como propiciador de fortuna.

Akoko. (I) Árvore considerada sagrada e muito utilizada no ritual (*Newbouldia laevis* — Bignoniáceas).

Aluko. (I) Ave de rapina de plumagem azul-marinho e preta. As penas desta ave são utilizadas em muitos procedimentos ritualísticos.

Amolu. (I) Nome genérico dos 240 Odus que resultam da interação dos 16 Odu Meji, perfazendo um total de 256 Odus, base do sistema oracular de Ifá.

Apadí. (I) Caco de cerâmica.

Arabá. (I) Arvore de grande porte, considerada sagrada para os seguidores do culto. (*Ceiba pentandra* — Bombáceas). Segundo se crê, o arabá é morada de muitos espíritos.

Arun. (I) Doença, moléstia.

glossário 211

Astrologia. (B) Ciência que estuda a influência dos astros sobre o caráter, o destino e o comportamento humano. Possibilitando a previsão de acontecimentos futuros, é considerada também uma arte divinatória de caráter não religioso.
Ata. (I) Pimenta.
Atakun. (I) Pimenta-malagueta.
Ataré. (I) Pimenta-da-costa.
Aviti. (F) Um dos nomes da Morte.
Axé. (I) Força, energia, poder, proteção. De acordo com a forma como é empregada, pode representar uma saudação, um desejo de sorte, de sucesso, de coisas boas e até de confirmação de algo que se diz.
Axegun. (I) Vitória por meio de um trabalho. Irê axegun ota = bem de vitória sobre inimigos.
Azãgada. (F) Um dos nomes da Morte.
Azwi. (F) Lebre.

B

Baba. (I) Pai, papai, avô, ancestral masculino.
Baba Egum. (I) Ancestral divinizado com culto próprio e específico. No Brasil, o culto de Babaegum é mantido integralmente nas Amoreiras, Bahia.
Babalaô. (I) Sacerdote do culto de Ifá, consagrado à Orunmilá e encarregado, dentre outras coisas, da divulgação e manutenção de todos os processos de adivinhação inerentes ao culto de Orixá.
Balogun. (I) Chefe guerreiro; comandante de tropas; general.

C

Cartomancia. (B) Arte divinatória na qual são utilizadas cartas de baralhos para a previsão do futuro. Um dos mais tradicionais e divulgado método de cartomancia é o Tarô.

Caurí. (I) Búzio. Pequeno molusco gastrópode utilizado no jogo divinatório que recebe, no Brasil, o mesmo nome (jogo de búzios). O búzio foi, em algumas civilizações, a primeira moeda de troca.
Conquém. (I) Galinha-d'angola.

D

Dãgbada-Hwedo. (F) Uma das manifestações do Vodum Dã, que serviria de suporte e proteção aos demais Voduns. Dã é o símbolo da continuidade e do movimento, é representada pelo arco-íris e suas funções são múltiplas e demasiadamente complexas para uma definição simplificada.
Dãgbe. (F) O Píton Real, serpente sagrada cultuada pelos fon. Uma das manifestações de Dã, Vodum que corresponde ao Oxumarê dos nagô.
Dinlogun. (I) O número dezesseis (16).
Divinatório. (B) Que permite fazer adivinhações, previsões.
Do. (F) Buraco, cavidade.
Dokwin. (F) Batata-doce.
Dudu. (I) Preto.

E

Ebó ejé. Oferenda votiva que tem por finalidade obter determinado favorecimento ou graça de uma Divindade.
Ebó etutu. Sacrifício de apaziguamento. Este tipo de sacrifício é geralmente determinado pelo Oráculo e tem por finalidade acalmar a ira ou o descontentamento de uma entidade qualquer.
Ebó. (I) Sacrifício propiciatório. Existem diversos tipos de sacrifícios, desde os simples adimús ou presentes às divindades, até os mais complexos procedimentos mágico-ritualísticos.

Ebora. (I) Divindades africanas cultuadas no Candomblé do Brasil e nas Santerías do Caribe. São os nossos Orixás que se posicionam hierarquicamente abaixo dos denominados Orixás-Funfun. Segundo os ensinamentos contidos em Ifá, os Ebora teriam participado da criação do nosso planeta, tendo sua ação circunscrita ao mesmo. Estão relacionados aos elementos naturais, aos fenômenos e manifestações da Natureza, como também aos quatro reinos (mineral, animal, vegetal e hominal). Acessam e influenciam também os planos sutis de existência, como o etérico, o astral, o mental etc.

Efun. (I) Calcário branco extraído naturalmente e muito utilizado em pinturas e outros procedimentos ritualísticos.

Egum. (I) Osso, esqueleto, defunto, espírito desencarnado. Ver Baba Egum.

Eiyelé. (I) Pombo.

Ejá. (I) Peixe.

Ejé. (I) Sangue.

Eji. (I) Duplo, duas vezes, o número dois.

Ejó. (I) Briga, confusão, questão judicial; o número oito.

Ekú. (I) Rato do mato, no Brasil é substituído pelo preá nos sacrifícios em que é exigido.

Elegbara. (F) Divindade de grande importância no contexto religioso. Esotericamente seria a energia que reúne os átomos, possibilitando a diferenciação da matéria a partir de uma essência única. É o grande transformador, o comunicador, o intermediário entre os homens e as Divindades, e entre estas e o Supremo Criador. Mais comumente conhecido como Exu, termo que pode ser traduzido como esfera e que significa "o que possui poderes ilimitados". Elegbara possui muitos emblemas, como a laterita, imagens de madeira ou de barro, sempre encimadas por uma lâmina ou ponta afiada, bastões fálicos etc.

Epô pupá. (I) Azeite de dendê. Literalmente: azeite vermelho.
Esé. (I) Pé, apoio, base, alicerce.
Etá. (I) Triplo, três vezes, o número três.
Exu. (I) Ver Elegbara.

F
Fazun. (F) Cerimônia de iniciação do culto de Ifá.
Funfun. (I) Branco, lívido, a cor branca.

G
Gã-dá. (F) Arco e flecha (o mesmo que ofá dos iorubás).
Gbaadu. (F) Ver Igbadu.
Geomancia. (B) Sistema de adivinhação através da Terra. Etimologia: Geo = Terra; mancia = previsão adivinhação. Existem vários sistemas geomânticos, tais como a geomancia árabe, a geomancia europeia etc. Nosso estudo está ligado à geomancia africana, originária, sem dúvida, da geomancia árabe.
Gu / Gun. (F) Vodum da guerra e do ferro. Corresponde ao Ogum dos nagôs.
Gubasá. (F) Facão; insígnia do Vodum Gu.

H
He Nã. (F) Ritual no qual são oferecidos alimentos ao Vodum Na.
Hevioso. (F) Vodum do trovão e da justiça. Corresponde ao Orixá Xangô dos nagôs.
Hla. (F) Hiena.
Huji. (F) O Sul.

I

Íbo. (I) Símbolos utilizados no jogo de búzios e que servem como apoio para determinar respostas negativas ou positivas.

Igba-iwa. (I) Cabaça da existência.

Igbá. (I) Cabaça. No Brasil, é o nome genérico dado aos assentamentos dos Orixás. Diversos tipos de igbás são conhecidos e utilizados no Brasil, variando de acordo com o Orixá ao qual se destinam. Existem igbás de porcelana, de barro, de metais, de madeira ou, mais tradicionalmente, de cabaças.

Igbadu. (I) Cabaça misteriosa, onde estão contidos os segredos dos 256 Odus de Ifá. O Igbadu é considerado como sendo a cabaça da vida e da morte, e somente os sacerdotes da mais alta graduação dentro do culto de Orunmilá podem possuí-lo. Às mulheres e aos não iniciados não é permitido olharem para o Igbadu nem adentrarem o recinto onde é guardado e cultuado.

Igbín. (I) Caracol de tamanho grande, considerado como animal fundamental dos Orixás Funfun. O igbín é também conhecido como "boi de Oxalá", havendo quem afirme que o seu sacrifício corresponde ao de um boi.

Ija. (I) Luta, embate, disputa.

Ikin. (I) Semente existente no interior do fruto do dendezeiro, coco de dendê, caroço de dendê. Os cocos do dendezeiro, depois de devidamente consagrados, representam o próprio Deus da Adivinhação, além de serem utilizados num dos jogos divinatórios denominado, por sua importância, "O Grande Jogo".

Ikú. (I) Morte. A Morte é, para os adeptos do culto, um Orixá masculino, dos mais poderosos, sendo o único que, um dia, irá pegar a cabeça de todas as pessoas, independentemente do seu cargo ou a qual Orixá tenham sido consagradas.

Ilê. (I) Solo, chão, a Terra, a terra natal, casa, residência.
Ina. (I) Fogo. Um dos nomes ou qualidade de Exu, forma como este Orixá é louvado no ritual denominado "Ipadê".
Iporí. (I) O mais importante dos elementos que compõem o ser humano. Iporí seria a partícula divina que habita em cada um de nós, sendo, portanto, a parte imortal do homem e que, depois de sua morte, renasce, cumprindo o ciclo de reencarnações que lhe tenha sido determinado. Segundo a filosofia religiosa iorubá, o ser humano é composto de vários corpos ou entidades que são: Iporí (espírito imortal), Emi (sopro de vida), Ara (corpo físico) e Ojijí (corpo telúrico).
Irê. (I) Benção, coisa boa, acontecimento positivo, influência benfazeja. No decorrer da consulta oracular, é necessário que se identifique se o Odu que se apresenta como responsável pela questão está em osôbo ou em irê. Isto feito, e constatado que a posição é de irê, tem-se que, com auxílio dos símbolos respectivos, identificar o tipo de irê. Os principais tipos de irê, identificados por intermédio dos cinco símbolos auxiliares, são: irê aiku (não ver a morte), irê ajê (dinheiro), irê aiya ou okó (cônjuge), irê omó (filhos) e irê axegun (vitória sobre inimigos).
Irofá. (I) Espécie de sineta confeccionada em marfim, madeira ou qualquer outro material, utilizada para "chamar Ifá" durante as consultas e sacrifícios. O irofá é batido pelo babalaô, numa das laterais do oponifá, ao mesmo tempo em que são recitadas as saudações dos Odus. Em Cuba os irofás de marfim foram substituídos por outros de chifres de veado.
Itan. (I) Contos que, de forma poética e alegórica, descrevem os principais fundamentos da religião. Os itans contêm ensinamentos filosóficos, procedimentais e ritualísticos, além de descreverem as lendas referentes aos Orixás e demais entidades cultuadas.

K

Kãli. (F) Nome genérico, dado pelos fon, a todos os animais ferozes que habitam a floresta e que se alimentam de carne.
Keke. (I) Pequeno.
Kenesi. (F) Espíritos ligados à magia negra. Bruxa, feiticeira.
Kinikini. (F) Leão.
Klã. (F) Macaco.
Kpo-Vodun. (F) Vodum a quem se atribui o espírito e as características do leopardo. No Brasil, é cultuado com o nome de Kposu.
Kpo. (F) Leopardo.
Kpoku abutá. (F) Pano de cabeça.
Kpoli. (F) O destino individual, determinado por "Iporí". A predestinação de cada indivíduo sobre a Terra.
Kwelekun. (F) Grão-de-angola, guando (*Cajanus indicus*).

L

Legba. (F) Exu, Elegbara. O primeiro Vodum criado por Lisa e Mawu, tendo Ogum como irmão mais novo. O culto de Legba é muito individual: cada indivíduo, assim como cada coisa, possui o seu Legba, podendo, portanto, edificar o seu assentamento, onde poderá cultuá-lo e apaziguá-lo.
Lelekun. (I) Pequena semente usada como tempero e considerada indispensável na culinária religiosa.
Lihwi. (F) Pequeno pangolim (mamífero africano aparentado com o tamanduá).
Lisa. (F) Vodum correspondente ao Obatalá dos nagôs. Princípio masculino da criação.
Ló. (F) (I) O outro mundo ou o outro plano de existência.
Loko. (F) Vodum cultuado nas árvores do mesmo nome. Corresponde ao Iroco dos nagôs. Embora se trate de um culto li-

gado a um vegetal, não pode ser considerado um culto filolátrico, dada a dissociação possível entre o Vodum e o vegetal que o representa.

M

Malu. (I) Vaca.
Mawu. (F) Vodum correspondente à Odudua dos nagô. Princípio feminino da criação e que, em muitos itans, é confundido com o próprio Criador Supremo.
Meji. (I) Duplo, duas vezes.
Merindinlogun. (I) Tudo o que é composto de dezesseis unidades ou que esteja relacionado ao número dezesseis: o jogo com dezesseis búzios.
Mojuba. (I) Reverência, invocação. Literalmente: "Eu te presto reverências". No Brasil é usado como sinônimo de reza ou louvação.

O

Obinrin. (I) Mulher.
Odu. (I) Cada um dos 256 signos utilizados no Oráculo de Ifá. Situação. Caminho. Indicação. Por vezes pode ser comparado ao karma. Destin. Os Odus de Ifá são signos que, em número de dezesseis, compõem o sistema oracular. Estes signos principais, denominados "Odu Agba" ou "Oju Odu", combinando-se entre si, dão origem a outros 240, perfazendo um total de 256.
Odudua. (I) Orixá Funfun sobre o qual existe muita discordância entre os adeptos do culto. Se Oxalá representa o princípio masculino-ativo da criação, Odudua é a representação do princípio feminino-passivo, do qual surge a vida após o processo de "fecundação". Odudua é um Orixá Funfun absoluta-

mente diferente dos demais: embora semelhante em essência, é feminina, sendo cultuada em diversas regiões como esposa de Oxalá, embora seja, em princípio, sua irmã.

Ofo. (I) Perdas, prejuízos.

Ojo. (I) Serpente.

Oju. (I) Olho. Oju malú = olho de boi; oju oba = olhos do rei (título honorífico de alguns sacerdotes de Xangô); oju omi = olho d'água.

Ojubona. (I) Segunda pessoa em importância na iniciação de um neófito. Corresponde à mãe ou ao pai criador.

Oko. (I) Homem, marido, pênis, fazenda, sítio, lavoura. Nome de um Orixá (Orisá Oko ou Osá Oko). O significado varia de acordo com as diferentes pronúncias e entonações.

Okun. (I) Oceano.

Okunrin. (I) Homem, marido, esposo, amante, (sexo masculino).

Okutá. (I) Pedra, rochedo.

Olodumare. (I) Nome ou título honorífico do Deus Supremo. O termo "Olódumare" propõe uma ideia mais completa e de maior significado filosófico. Desmembrando a palavra, encontramos os seguintes componentes: "Ol", "Odú" e "Mare", que passamos a analisar separadamente. O prefixo "Ol" resulta da substituição, pelo "l", das letras "n" e "i" da palavra "Oni" (dono, senhor, chefe), prefixo utilizado, modificado ou em sua forma original, para designar o domínio de alguém sobre alguma coisa (propriedade, profissão, força, aptidão etc.). Ex.: "Olokun" — Senhor dos Oceanos. O termo intermediário "Odu" possui diversos significados, dependendo das diferentes entonações na sua pronúncia, que no caso é "odú" ou "ôdu" (o sinal gráfico utilizado no idioma iorubá, correspondente ao acento grave no português, determina uma entonação mais baixa na pronúncia da letra em que aparece).

Reunido ao prefixo "ol", resulta em "Olodu", cujo significado é: "Aquele que possui o cetro ou a autoridade", ou ainda:" Aquele que é portador de excelentes atributos, que é superior em pureza, grandeza, tamanho e qualidade". A última palavra componente, "Mare", é, por sua vez, o resultado do acoplamento de dois termos, "ma" e "re", imperativo que significa: "não prossiga", "não vá". A advertência contida no termo faz referência à incapacidade do ser humano, inerente à sua própria limitação, de decifrar o supremo e sagrado mistério que envolve a existência da Divindade.

Olorí. (I) Dono, senhor da cabeça. O Orixá dono da cabeça de alguém é o seu Olorí.

Olorun. (I) Deus, Criador Supremo. Segundo a filosofia religiosa africana, Olorun encontra-se em plano tão superior em relação aos seres humanos e é de tal forma inexplicável e incompreensível, que seria inútil manter-se um culto específico em sua honra e louvor, já que o Absoluto não pode ser alcançado pelo ser humano, em decorrência de suas limitações e imperfeições. É o nome mais comumente usado para designar a Divindade Suprema, e esta preferência de uso está ligada à sua aceitação por parte dos islamitas e dos cristãos, que adotaram-no como sinônimo, tanto de Alá, quanto de Jeová. O termo é fácil de ser analisado e traduzido, uma vez que se compõe de duas palavras apenas:"Ol", de Oni (dono, senhor, chefe) e "Orun" (céu, mundo onde habitam os espíritos mais elevados), formando "Olorun" = Chefe, Proprietário ou Senhor do Céu.

Oluô. (I) Olhador, aquele que olha (o oráculo). O mesmo que Babalaô.

Omi eró. (I) Banho lustral preparado pela trituração de folhas litúrgicas e outros elementos sagrados, para diversas finalidades ritualísticas.

Omó. (I) Filho(a).
Onan. (I) Caminho, rua, o lado de fora de casa.
Opelé. (I) Corrente ou rosário utilizado pelos Babalaôs no Oráculo de Ifá, composto de oito peças côncavas de qualquer material, de formas e tamanhos semelhantes, distribuídas numa corrente de forma equidistante.
Opolé. (I) Que está com os pés sobre o solo; que está de pé (em referência ao Odu que se apresenta na primeira jogada de uma consulta).
Opon. (I) Tabuleiro, bandeja.
Opon Ifá. (I) Tabuleiro de madeira entalhada, de uso exclusivo dos Babalaôs em vários procedimentos no culto de Orunmilá.
Oráculo. (B) Sistema de adivinhação, processo ou método através do qual o homem pode contatar entidades sobrenaturais, deuses e espíritos, além de descortinar acontecimentos passados, saber o que está acontecendo no presente e prever o futuro.
Ori. (I) A cabeça. Num sentido mais profundo, o termo ori faz referência, não somente à cabeça como parte componente do corpo, como também, e principalmente, ao espírito que nela habita. Ori é considerado um Orixá para o qual existe um culto específico. Ver Iporí.
Oriki. (I) Reza que exalta as qualidades dos Orixás.
Orixá. (I) Divindades do Panteão africano, consideradas como forças da Natureza. Compilamos algumas definições dadas por diferentes autores. Segundo Abraham, Orixá = Oosà — Divindade iorubana separada de Olorun. Segundo Fonseca Jr., Orixá = Anjo de Guarda, etimologia: Ori = cabeça, Sa (xá) = guardião — Guardião da Cabeça, Divindade Elementar da Natureza, figura central do culto afro. Os iorubanos acreditam que, quando Deus criou o céu e a terra, criou, simultane-

amente, espíritos e divindades, conhecidos como Orixás, Imole e Ebora, para assumirem funções específicas no processo de criação, manutenção e administração do universo. A diferença possivelmente existente entre as três categorias de entidades espirituais aqui referidas, não está muito bem delineada, devido ao tratamento genérico dado a todos, até mesmo pelos próprios iorubanos. No Brasil, os termos Imole e Ebora são praticamente desconhecidos, sendo poucos os adeptos da religião que os utilizam ou sabem o seu significado. Alguns sacerdotes conceituados afirmam que o termo Orixá deveria ser utilizado exclusivamente em relação aos espíritos genitores que efetivamente participaram da criação do universo e que deram origem aos demais, de categoria hierárquica inferior, personificações de fenômenos e de elementos naturais como Terra, Fogo, Água, Ar, rios, lagoas, oceanos, pedras, montanhas, vegetais, minerais etc. Outros seriam, ainda, figuras históricas, tais como reis, guerreiros, fundadores de cidades, de dinastias, heróis e heroínas que, dada a importância de seus feitos, foram, depois de mortos, deificados e acrescentados ao panteão que, segundo Awolalu, está estimado em mais de 1700 entidades.

Orun. (I) O céu metafísico. Local onde habitam as deidades e os seres espirituais das mais diversas classificações hierárquicas. Os nagôs acreditam na existência de nove Oruns, ou que um único Orun seja dividido em nove partes distintas.

Orunmilá. (I) Deus da Sabedoria, patrono do Oráculo de Ifá. Orunmilá é sustentado por um culto específico, de caráter patriarcal, onde os sacerdotes são denominados Babalaôs, entre os nagôs, e Bokonon, entre os fons. Orunmilá seria uma espécie de mente cósmica, onde está contida toda a ciência do universo que o homem vai acessando gradativamente.

Osôbo. (I) Mau presságio, maldição, negatividade. Nome dos diferentes osôbos: Ikú: a morte. Aje: a miséria. Arun: a enfermidade. Ija ou ejó: a tragédia e revoluções. Ofo: as perdas.

Otá. (I) Inimigo. Este termo é, no Brasil, usado como sinônimo de okutá.

Otí. (I) Bebida alcoólica; aguardente; cachaça.

Oxá. (I) O mesmo que Orixá.

Oxebíle. (I) Nome de um Omo Odu resultante da interação de Oxe com Irete. É também o nome de uma espécie de borí, muito eficaz, onde se oferece, acrescido de outros componentes, coco ou obi ralado à cabeça. Em Cuba a utilização do coco é de tal forma popularizada, que este vegetal chega a ser chamado de obi, designando-se o verdadeiro obi, como obi-cola. O coco é utilizado como oferenda principal aos Orixás, Eguns, Exus e até mesmo a Ori, entrando em muitas formas de borí.

Oxum. (I) Orixá de características femininas, considerado como a dona das cachoeiras e águas doces. Cultuada originalmente em Oxobô, onde existe um magnífico templo erigido em sua honra, Oxum é conhecida e cultuada em todos os países onde se estabeleceu a religião dos Orixás. No Brasil é tida como o símbolo da feminilidade e da faceirice, senhora do ouro e poderosa feiticeira.

S

Sakpata. (F) Vodum originário do Daomé, geralmente qualificado como o Vodum da varíola e de outras doenças contagiosas. O seu nome, cuja tradução seria "Aquele que mata e come", numa alusão à sua ação justiceira e punitiva, é considerado perigoso, não devendo, por isto, ser pronunciado, sendo comumente substituído por "Aynon" (O Proprietário da

Terra). Entre os iorubás, Sakpata recebe o nome de Xamponan, mas, pelas mesmas razões que entre os mahis, é denominado Obaluaiê (Rei da Terra), ou Omolu (Filho do Senhor).
Sonu. (F) Galinha-d'angola.

T

Tohossu. (F) Espíritos que se localizam, hierarquicamente, em posição inferior àquela ocupada pelos voduns. Observa-se a existência, na região Mahi e no Abomey, de uma categoria de deidades chamadas tohossus, nome que significa "rei das águas". Estes espíritos costumam encarnar-se em seres humanos, utilizando-se, para isto, de crianças anormais ou monstruosas. A vinda de um tohossu ao mundo representa um chamamento à ordem, um sinal de descontentamento. Antigamente, logo que nascia uma destas crianças disformes, o costume era de que fosse imediatamente lançada a um poço, acreditando-se que, agindo desta forma, devolvia-se o espírito ao seu elemento. Diversas oferendas eram feitas posteriormente, com a finalidade de apaziguá-lo e satisfazê-lo. Dentre os diversos tohossus cultuados pelos fon, de que se têm notícias, citamos: Zomadonu, filho do rei Akaba, do Daomé; Kpélu, filho do rei Agadjá, irmão e sucessor de Akaba; Adomu, filho do rei Tegbéssu. Atualmente, existem cerca de vinte templos, construídos por diversos reis do Abomey, em honra de um ou mais Tohossus. No Brasil, o culto aos tohossus, restringe-se à Casa das Minas (Querebentã de Zomadonu) em São Luiz do Maranhão, onde se cultua Zomadonu.

V

Vodum. (F) Entidades de origem fon, que correspondem aos orixás dos nagôs. Os fon estabeleceram-se no Brasil, onde receberam o nome genérico de "jejes", implantando aqui o seu culto baseado em rica e complexa mitologia. Depois da iorubana, a mitologia jeje é a mais complexa e elevada. Assim como os nagôs, os jejes pertencem ao grupo sudanês, tendo sua origem num mesmo grupo étnico que, se subdividindo, atingiu vários estágios de evolução cultural.

Voko. (F) Boneco de argila, imitando a figura humana, usado na magia de envultamento.

Vovolive. (F) Norte (ponto cardeal).

Z
Zon. (F) Fogo.

Bibliografia

ABRAHAM, Roy Clive. Dictionary of modern yoruba. London, UK: University of London, 1958.

ADEOYE, C. L. Àsà àti ìse yorùbá. London, UK: Oxford University, 1979.

ADIMÚ, oferenda a los orixás: regla de Oshundei. [S.l.]: [s.n.], 19--. (Caderno de anotações de uma santeira de Cuba)

ALAPINI, Julien; ALAPINI, Pierre L. Les noix sacrées: étude complete de Fa-Ahidégoun, génie de la sagesse et de la divination au Dahomey. Monte Carlo, Mônaco: Regain, 1950.

AMBELAIN, Robert. La géomancie arabe et ses miroirs divinatoires. Paris, France: Robert Laffont, 1984.

ANGARICA, Nicolas Valentin. Manual de orihate: religión lucumí. Habana, Cuba: [s.n.], 1955.

AWOLALU, J. Omosade. Yoruba beliefs and sacrificial rites. London, UK: Longman, 1979.

AZIZ, Philippe. Os impérios negros da Idade Média. Rio de Janeiro: Otto Pierre, 1978. (Coleção Grandes Civilizações Desaparecidas)

BASCOM, William. Ifa divination: communication between gods and men in West Africa. Bloomington, USA: Indiana University, 1969.

BASCOM, William. Sixteen cowries: yoruba divination from Africa to the New World. Bloomington, USA: Indiana University, 1980.

BLAVATSKY, Helena Petrovna. A doutrina secreta: síntese de ciência, filosofia e religião. Tradução de. Raymundo Mendes Sobral. São Paulo: Pensamento, 1973. (5 vol.)

CABRERA, Lydia. El Monte Igbo Finda. Miami, USA: Rema, 1968.

CARNEIRO, Edison. Religiões negras, negros bantos. Rio de Janeiro: Civilização Brasileira, 1981.

DUBOIS, Philippe. Geomancia: su práctica e interpretaciones adivinatorias. Madrid, España: EDAF, 1988.

DUPONT, Albert. Los oraculos de biague y diloggun. Habana, Cuba: [s.n.], 1959.

ELIZONDO, Carlos. Manual del italero de la religión lucumi. Habana, Cuba: Elizondo, 1979.

FONSECA Jr., Eduardo. Dicionário iorubá (nagô) — português. Rio de Janeiro: Civilização Brasileira, 1983.

GENTA, Nestor. Geomancia. Buenos Aires, Argentina: Kier, 1980.

GLEASON, Judith. A recitation of Ifa, oracle of the yoruba. New York, USA: Gossman, 1973.

IDOWU, E. Baloji. Olodumare, God in yoruba belief. London, UK: Longmans, 1962

MARTINS, Adilson (de Oxalá). 666 ebós para todos os fins. Rio de Janeiro: Pallas, 2002.

MARTINS, Adilson (de Oxalá). Igbadu, a cabaça da existência. Rio de Janeiro: Pallas, 1998.

MAUPOIL, Bernard. La geomancie à l'ancienne Côte des Esclaves. Paris, France: Institut d'Ethnologie, 1981.

PEREIRA, Nunes. A Casa das Minas: culto dos voduns jeje no Maranhão. Petrópolis: Vozes, 1979.

RIBEIRO, René. Cultos afro-brasileiros do Recife. Recife: Instituto Joaquim Nabuco, 1952.

SANTOS, Deoscóredes Maximiliano dos. História de um terreiro nagô. Rio de Janeiro: Instituto Brasileiro de Estudos Afro-Asiáticos, 1962.

SANTOS, Juana Elbein dos. Os nagô e a morte: pàde, asese e o culto egun na Bahia. Petrópolis: Vozes, 1986.

THOMAS, Louis-Vincent; LUNEAU, René; DONEUX, Jean L. Les religions d'Afrique noire. Paris, France: Fayard, 1969.

TRATADO de Ifá. Tradução de Adilson Antônio Martins. Rio de Janeiro: Centro de Estudos da Cultura Afro-Americana, 199-. (da obra anônima em espanhol *Tratados de Ifa*, originária da santería cubana)

VERGER, Pierre Fatumbi. Os orixás. Salvador: Corrupio, 1981.

VERGER, Pierre Fatumbi. Dieux d'Afrique: culte des orishas et vodouns. Paris, France: Hartmann, 1954.